应用型本科院校"十三五"规划教材/经济管理类

ERP Supply Chain Practical Training Course

企业ERP供应链实训教程

主　编　刘莹莹　朱冠瑾
副主编　刘　岩

哈尔滨工业大学出版社
HARBIN INSTITUTE OF TECHNOLOGY PRESS

内 容 简 介

全书共六章,包括供应链基础设置、采购管理、销售管理、库存管理、存货核算及期末处理。本书以用友 ERP-U8.72 为实验平台,以一个单位的经济业务贯穿始终,介绍了 ERP 供应链管理系统中最重要和最基础的采购、销售、库存及存货四个子系统的应用方法。在此基础上,为读者提供了 23 实验任务,并提供了相应的准备数据、操作步骤与结果账套,读者既可连续学习,又可根据实际情况加以选择,以适应不同层次的教学与学习的需要。

本书适用于高等学校工商管理等财经类、管理类的应用型本科教学使用,也可作为高校会计、工商管理、物流、电子商务等专业 ERP 供应链模拟课程的配套实训教材,还可供广大 ERP 供应链管理人员以及希望了解信息化的广大会计工作者、高等院校经管方向的教师参考。

图书在版编目(CIP)数据

企业 ERP 供应链实训教程/刘莹莹,朱冠瑾主编.
—哈尔滨:哈尔滨工业大学出版社,2016.7(2017.7 重印)
ISBN 978-7-5603-5975-5

Ⅰ.①企… Ⅱ.①刘… ②朱… Ⅲ.①企业管理—计算机管理系统—高等学校—教材 Ⅳ.①F270.7

中国版本图书馆 CIP 数据核字(2016)第 084681 号

策划编辑 杜 燕
责任编辑 刘 瑶
出版发行 哈尔滨工业大学出版社
社　　址 哈尔滨市南岗区复华四道街 10 号 邮编 150006
传　　真 0451-86414749
网　　址 http://hitpress.hit.edu.cn
印　　刷 黑龙江艺德印刷有限责任公司
开　　本 787mm×1092mm 1/16 印张 15.75 字数 317 千字
版　　次 2016 年 7 月第 1 版 2017 年 7 月第 2 次印刷
书　　号 ISBN 978-7-5603-5975-5
定　　价 30.00 元

(如因印装质量问题影响阅读,我社负责调换)

《应用型本科院校"十三五"规划教材》编委会

主　任　修朋月　竺培国

副主任　张金学　吕其诚　线恒录　李敬来　王玉文

委　员　（按姓氏笔画排序）

丁福庆　于长福　马志民　王庄严　王建华

王德章　刘金祺　刘宝华　刘通学　刘福荣

关晓冬　李云波　杨玉顺　吴知丰　张幸刚

陈江波　林　艳　林文华　周方圆　姜思政

庹　莉　韩毓洁　蔡柏岩　臧玉英　霍　琳

《财经类技术应用系列教材》编委会

主　　任　线恒录　李英琦

副 主 任　梁凤霞　陈红梅

　　　　　　田凤萍　高景海

委　　员　王春燕　盛文平

　　　　　　刘莹莹　尚红岩

　　　　　　李　刚

总 序

哈尔滨工业大学出版社策划的《应用型本科院校"十三五"规划教材》即将付梓,诚可贺也。

该系列教材卷帙浩繁,凡百余种,涉及众多学科门类,定位准确,内容新颖,体系完整,实用性强,突出实践能力培养。不仅便于教师教学和学生学习,而且满足就业市场对应用型人才的迫切需求。

应用型本科院校的人才培养目标是面对现代社会生产、建设、管理、服务等一线岗位,培养能直接从事实际工作、解决具体问题、维持工作有效运行的高等应用型人才。应用型本科与研究型本科和高职高专院校在人才培养上有着明显的区别,其培养的人才特征是:①就业导向与社会需求高度吻合;②扎实的理论基础和过硬的实践能力紧密结合;③具备良好的人文素质和科学技术素质;④富于面对职业应用的创新精神。因此,应用型本科院校只有着力培养"进入角色快、业务水平高、动手能力强、综合素质好"的人才,才能在激烈的就业市场竞争中站稳脚跟。

目前国内应用型本科院校所采用的教材往往只是对理论性较强的本科院校教材的简单删减,针对性、应用性不够突出,因材施教的目的难以达到。因此亟须既有一定的理论深度又注重实践能力培养的系列教材,以满足应用型本科院校教学目标、培养方向和办学特色的需要。

哈尔滨工业大学出版社出版的《应用型本科院校"十三五"规划教材》,在选题设计思路上认真贯彻教育部关于培养适应地方、区域经济和社会发展需要的"本科应用型高级专门人才"精神,根据黑龙江省委书记吉炳轩同志提出的关于加强应用型本科院校建设的意见,在应用型本科试点院校成功经验总结的基础上,特邀请黑龙江省9所知名的应用型本科院校的专家、学者联合编写。

本系列教材突出与办学定位、教学目标的一致性和适应性,既严格遵照学科体系的知识构成和教材编写的一般规律，又针对应用型本科人才培养目标及与之相适应的教学特点，精心设计写作体例，科学安排知识内容，围绕应用讲授理论，做到"基础知识够用、实践技能实用、专业理论管用"。同时注意适当融入新理论、新技术、新工艺、新成果，并且制作了与本书配套的PPT多媒体教学课件，形成立体化教材，供教师参考使用。

《应用型本科院校"十三五"规划教材》的编辑出版，是适应"科教兴国"战略对复合型、应用型人才的需求，是推动相对滞后的应用型本科院校教材建设的一种有益尝试，在应用型创新人才培养方面是一件具有开创意义的工作，为应用型人才的培养提供了及时、可靠、坚实的保证。

希望本系列教材在使用过程中，通过编者、作者和读者的共同努力，厚积薄发、推陈出新、细上加细、精益求精，不断丰富、不断完善、不断创新，力争成为同类教材中的精品。

序

  应用型本科是高等教育的一支独具特色的力量，在我国经济和社会发展中的地位和作用日渐突出。本系列教材吸收借鉴了 ERP（企业资源计划）的最新研究成果和国内外同类优秀教材的成熟经验，立足于我国应用型本科院校的人才培养目标，结合编写者在教学与科研工作中的知识积累与经验积淀，注重理论与实践相结合，注重培养学生的创新思维能力和分析解决实际问题的能力。

  本系列教材在内容上坚持以基本理论为基础，以市场为主线，以企业运营模式为主体进行整体规划，力求将原理、方法和应用融为一体；在形式上，通过学习目标、引导案例来体现总体设计思路，充分展示多角度的策略分析战略。

  本系列教材在编写过程中重点突出以下特点：

  1. 逻辑性强。在总体布局上，以模拟企业的业务活动为资料，按照会计核算与企业管理的基本要求，设计信息化解决方案，使学生切身感受到手工处理和计算机处理之间的岗位设置、业务流程、工作效率等方面的差异，有利于培养学生科学的思维方式。

  2. 实践性强。在内容安排上，确保理论够用，突出实践导向，各章节安排的案例按照企业信息化实施进程展开，主要包括企业调研、方案设计、数据准备和上线运行。各环节源于实际，有利于培养学生的创新应用能力。

  3. 拓展性强。ERP 系统是当今世界企业经营与管理技术进步的代表，核心价值是通过系统的计划和控制、有效配置各项资源，提升企业竞争力。教材在编写中采用体验式教学方法，通过一定的情境和载体，有效培养学生独立思考问题、分析问题和解决问题的能力，促进学生知识、能力、素质的全方位提高。

  本系列教材的适用对象为应用型本科院校的经济类、管理类本科生，尤其是会计学、财务管理、市场营销、人力资源等专业的本科生。

线恒录

2016 年 3 月

前　言

20世纪60年代,企业开始了管理信息化的应用,从MRP到ERP,逐步实现了对采购、库存、生产、销售、财务和人力资源等业务的管理,使内部业务流程和处理实现了自动化,为企业内部纵向一体化管理奠定了基础。在经济全球化的今天,ERP在供应链的跨企业横向一体化管理方面力不从心。全球500强企业在经过若干年的ERP应用后纷纷引入供应链管理,将ERP拓展到整个行业的所有物流环节。

企业信息化的全面推进,引发了新一轮对企业信息化人才的强势需求。本书基于用友ERP供应链系统,从企业实际出发,详细地介绍了企业供应链各环节的业务处理方法与流程,遵循由浅入深、循序渐进的原则,力求通俗易懂,便于操作,学生可以通过任务方式,亲自体验ERP供应链管理系统的功能,掌握其功能特点及应用方式,以期达到提高学生实际业务处理能力的目的。

全书共六章内容,第一、二章由哈尔滨剑桥学院朱冠瑾编写;第三章由哈尔滨剑桥学院刘岩编写;第四~六章由哈尔滨剑桥学院刘莹莹编写。全书以用友ERP-U8.72为实验平台,以一个单位的经济业务贯穿始终,分别介绍了ERP供应链管理系统中最重要和最基础的采购、销售、库存及存货四个子系统的应用方法。在此基础上,又提供了23个任务,并提供了相应的准备数据、操作步骤与结果账套,使学生的学习既可连续进行,又可根据实际情况加以选择,以适应不同层次的教学与学习的需要。本书可供各高校工商管理等财经类、管理类的应用型本科使用,也可作为各高校会计、工商管理、物流、电子商务等专业ERP供应链模拟课程的配套实训教材,还可供广大ERP供应链管理人员以及广大会计工作者、高等院校经管方向的教师参考。

由于编者水平所限,加之时间仓促,教材难免有不足之处,衷心希望广大读者批评指正,以待进一步修订、完善。

编　者
2016年3月

目 录

第一章 供应链基础设置 1
功能概述 1
实验目的与要求 1
课时建议 2
任务一 系统管理 2
任务二 业务基础设置 9
任务三 财务基础设置 29

第二章 采购管理 33
功能概述 33
实验目的与要求 34
课时建议 34
任务一 采购管理系统初始化 34
任务二 采购赊购业务处理 48
任务三 采购现购业务处理 72
任务四 受托代销业务处理 87
任务五 采购特殊业务处理 91

第三章 销售管理 109
功能概述 109
实验目的与要求 110
课时建议 110
任务一 销售管理系统初始化 110
任务二 普通销售业务(一) 120

任务三　普通销售业务(二) ………………………………………… 151
　　任务四　销售退货业务 …………………………………………… 164
　　任务五　直运销售业务 …………………………………………… 173
　　任务六　分期收款销售业务 ………………………………………… 183
　　任务七　零售日报业务 …………………………………………… 193
　　任务八　销售账表统计分析 ………………………………………… 198

第四章　库存管理 …………………………………………………… 208
　　功能概述 …………………………………………………………… 208
　　实验目的与要求 …………………………………………………… 210
　　课时建议 …………………………………………………………… 210
　　任务一　调拨业务 ………………………………………………… 210
　　任务二　盘点 ……………………………………………………… 215
　　任务三　其他业务 ………………………………………………… 219

第五章　存货核算 …………………………………………………… 223
　　功能概述 …………………………………………………………… 223
　　实验目的与要求 …………………………………………………… 225
　　课时建议 …………………………………………………………… 225
　　任务一　存货价格及结算成本处理 ………………………………… 225
　　任务二　单据记账 ………………………………………………… 229

第六章　期末处理 …………………………………………………… 232
　　功能概述 …………………………………………………………… 232
　　实验目的与要求 …………………………………………………… 232
　　课时建议 …………………………………………………………… 232
　　任务一　期末处理 ………………………………………………… 232
　　任务二　账表查询及生成凭证 ……………………………………… 236

参考文献 ……………………………………………………………… 240

第一章 Chapter 1

供应链基础设置

【功能概述】

用友供应链管理系统是一个通用系统,其中包含面向不同企业对象的解决方案。而不同企业所属行业不同,管理模式不同,业务处理也有一定差异。那么,如何将通用系统与企业特色相结合,构造适合于企业管理特点的供应链管理系统呢？一般来说,企业应该经过大量的调研,对本行业、本企业的生产经营特点进行具体深入的分析,并结合供应链管理系统所提供的功能,来确定企业个性化应用方案。

供应链管理系统的建账工作是在系统管理中完成的。系统管理的主要功能是对用友 ERP – U8 管理系统的各个产品进行统一的操作管理和数据维护,具体包括以下内容。

1. 账套管理

账套是指一组相互关联的数据,每个企业(或每个独立核算部门)的数据在系统内部体现为一个账套。账套管理包括账套的建立、修改、引入、输出和删除等。

2. 年度账管理

在用友 ERP – U8 管理系统中,每个账套里都存有企业不同年度的数据,称为年度账。年度账管理包括年度账的建立、引入、输出和结转上年数据、清空年度数据等。

3. 操作员及其权限的集中管理

为了保证系统数据的安全与保密,系统管理提供了操作员及其权限的集中管理功能。通过对系统操作分工和权限的管理,一方面可以避免与业务无关的人员进入系统,另一方面可以对系统所包含的各个子系统的操作进行协调,以保证各负其责。操作员的权限管理主要包括设置用户、定义角色及设置用户功能权限。

【实验目的与要求】

1. 了解系统管理和基础设置的主要内容与操作方法。

2. 掌握系统管理中设置操作员及其权限、建立账套的方法。
3. 掌握基础设置的内容和方法。
4. 熟悉账套输出和引入的方法。

【课时建议】

建议本章讲授 4 课时，上机操作练习 4 课时。

任务一 系统管理

安装用友 ERP – U8 供应链管理软件。分析本企业所在的行业、经济类型和生产经营特点，了解企业管理的核算制度和管理要求。

主要操作内容需要建立核算单位账套、增加操作员、对操作员进行授权、启用供应链及其相关子系统。

【实验资料】

1. 建账信息

账套号:666;账套名称:供应链账套;启用会计期间:2014 年 1 月 1 日。

2. 单位信息

单位名称:北京中良贸易有限公司;单位简称:中良贸易;单位地址:北京市海淀区中良路 168 号;法人代表:王宏;邮政编码:100088;联系电话:010 – 66668888;税号:110108200811088。

3. 核算类型

该企业记账本位币为人民币(RMB);企业类型为商业;行业性质为 2007 年新会计制度科目;账套主管为吴明远;按行业性质预设会计科目。

4. 基础信息

该企业有外币核算，进行经济业务处理时，需要对存货、客户及供应商进行分类。

5. 分类编码方案

科目编码级次:4 – 2 – 2 – 2;部门编码级次:2 – 2;客户分类编码级次:2 – 2;供应商分类编码级次:2 – 2;存货分类编码级次:2 – 3;收发类别编码级次:1 – 2;结算方式编码级次:2。

6. 设置数据精度

数据的小数位数约定为 2 位。

7. 角色分工及其权限

(1)111 吴明远(口令1);角色:账套主管。

(2)222 王月(口令2);角色:采购主管、销售主管、仓库主管及存货核算员。

(3)权限:负责购销存业务,具有采购管理、销售管理、库存管理、存货核算的全部操作权限,还拥有总账系统、应收款管理系统、应付款管理系统的全部操作权限。

8. 启用的系统和启用日期

2014年1月1日分别启用666账套的采购管理系统、销售管理系统、库存管理系统、存货核算系统、总账系统、应收款管理系统及应付款管理系统。

【实验指导】

1. 注册系统管理

(1)执行"开始"→"程序"→"用友ERP"→"U8"→"系统服务"命令,启动系统管理。

(2)执行"系统"→"注册"命令。打开"登录"对话框。

(3)系统中已预先设定了一个系统管理员admin,第一次运行时在"操作员"文本框中输入操作员名称,系统管理员密码为空,单击"确定"按钮,则可以以系统管理员身份进入系统管理。

2. 增加操作员

(1)以系统管理员的身份注册进入系统管理后,执行"权限"→"用户"命令,进入"用户管理"窗口。

(2)单击工具栏上的"增加"按钮,打开"操作员详细情况"对话框。

(3)输入编号:111;姓名:吴明远;认证方式:用户+口令(系统);口令和确认口令均为"1";并在所属角色列表中选择"账套主管"角色,如图1.1所示。

(4)单击"增加"按钮。

(5)同理,增加操作员"王月",在所属角色列表中选择"采购主管""销售主管""仓库主管"和"存货核算员",然后保存设置。

提示:(i)用户和角色的设置可以不分先后顺序,但对于自动传递权限来说,应该先设置角色,然后分配权限,最后进行用户设置。

(ii)如果列表框中不显示新增用户,则单击"刷新"按钮进行页面更新。

3. 建立账套

(1)在"系统管理"窗口中,执行"账套"→"建立"命令,打开"账套信息"对话框。

(2)按实验资料录入新建账套的账套信息,如图1.2所示。

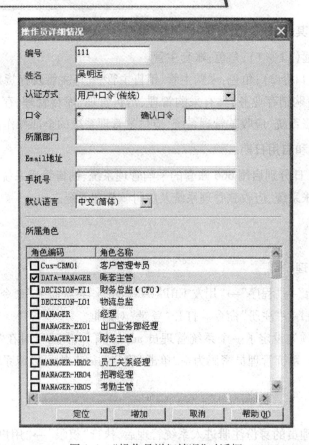

图 1.1 "操作员详细情况"对话框

图 1.2 "账套信息"对话框

(3)单击"下一步"按钮,打开"单位信息"对话框。

(4)按实验资料输入单位信息。

(5)单击"下一步"按钮,打开"核算类型"对话框。企业类型选择"商业",行业性质默认为"2007年新会计制度科目",科目预置语言选择"中文(简体)",从"账套主管"下拉列表框中选择"[111]吴明远",如图1.3所示。

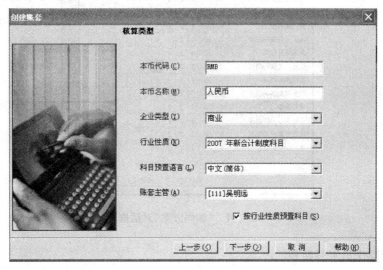

图1.3 "核算类型"对话框

(6)单击"下一步"按钮,打开"基础信息"对话框。分别选中"存货是否分类""客户是否分类""供应商是否分类"和"有无外币核算"复选框。

(7)单击"完成"按钮,打开"创建账套"对话框,单击"是"按钮。由于系统需要按照用户输入的上述信息进行建账,因此需要一段时间。建账完成后,自动打开"编码方案"对话框。

(8)按所给的资料修改分类编码方案,如图1.4所示。

(9)单击"确定"按钮后,在弹出的对话框中,再单击"取消"按钮,进入"数据精度定义"对话框,默认系统预置的数据精度。

(10)在"数据精度定义"对话框中单击"确定"按钮后,打开"创建账套"对话框。单击"否"按钮,结束建账过程,暂时不启用任何系统。

4. 设置操作员

(1)查看"吴明远"是否为66账套的账套主管。

①在"系统管理"窗口中,执行"权限"→"权限"命令,打开"操作员权限"对话框。

②在"操作员权限"对话框中选择"666账套",时间为"2014年",从窗口左侧操作员列表中选择"111吴明远",可以看到"账套主管"复选框为选中状态。

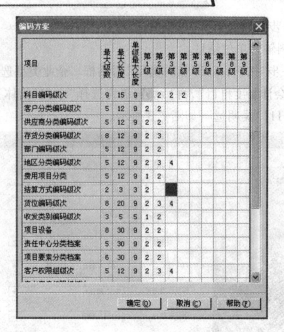

图 1.4 "编码方案"对话框

（2）为操作员王月赋权。

①在"操作员权限"窗口中选中"222 王月"，选择账套主管右侧下拉列表框中的"［666］供应链账套"。

②单击"修改"按钮，在右侧对话框中进行修改。

③选中"采购管理""销售管理""库存管理""存货核算""应付款管理""应收款管理"和"总账"复选框，如图 1.5 所示，单击"保存"按钮。

5. 启用供应链及其相关子系统

（1）执行"开始"→"程序"→"用友 ERP-U8"→"企业应用平台"命令，以账套主管吴明远的身份注册进入企业应用平台，如图 1.6 所示。在"操作员"文本框中可以输入操作员编码，也可以输入操作员姓名。此处输入编码"111"，密码为"1"，选择"666 账套"，操作日期为"2014 年 1 月 1 日"。

（2）单击"确定"按钮，进入企业应用平台窗口，如图 1.7 所示。

（3）在窗口左侧的"工作列表"中单击"基础设置"标签。

（4）执行"基本信息"命令，打开"基本信息"对话框。

（5）执行"系统启用"命令，打开"系统启用"对话框。

（6）选中"采购管理"系统前的复选框，弹出"日历"对话框。

（7）选择启用会计期间。本实验为"2014 年 1 月 1 日"。系统弹出提示"是否启用当前系统"窗口。

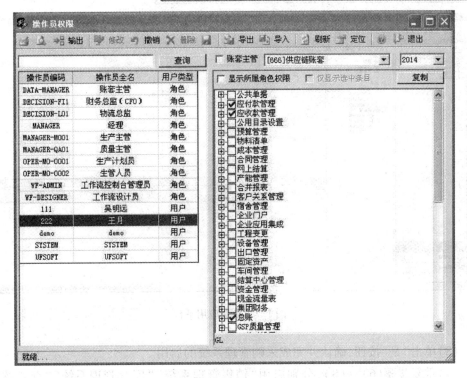

图1.5 增加和调整权限

图1.6 登录账套

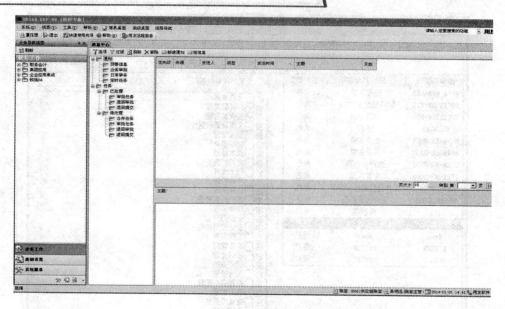

图 1.7 企业应用平台

(8)单击"是"按钮,确认并完成采购管理系统的启用。

(9)重复步骤(6)~(8),分别启用"销售管理系统""库存管理系统""存货核算系统""总账系统""应收款管理系统"及"应付款管理系统",完成供应链管理系统及其相关子系统的启用,如图 1.8 所示。

图 1.8 启用系统

任务二 业务基础设置

已经完成第一章任务一的操作,将系统时间调整为2014年1月1日。

主要内容包括:建立部门档案和职员档案,供应商分类和供应商档案,客户分类和客户档案;设置付款条件;建立存货分类、计量单位和存货档案;设置结算方式及开户银行;建立仓库档案;设置收发类别、采购类型、销售类型、费用项目及发运方式。

【实验资料】

1. 部门职员档案

部门职员档案见表1.1。

表1.1 部门职员档案

一级部门编码和名称	二级部门编码和名称	人员类别	职员编码和姓名	性别	是否业务员
01 公司总部	0101 经理办公室	在职人员	001 吴明远	男	是
	0102 行政办公室	在职人员	003 王宏	男	是
02 财务部	无	在职人员	002 王月	女	是
03 销售部	0301 批发部	在职人员	004 林清远	男	是
	0302 门市部	在职人员	005 何盛昌	男	是
04 采购部	无	在职人员	006 徐敏利	女	是
05 仓储部	无	在职人员	007 张红	女	是
06 运输部	无	在职人员	008 王易	男	是

2. 客户和供应商分类资料

客户和供应商分类资料见表1.2。

表1.2 客户和供应商分类资料

类别名称	一级分类编码和名称	二级分类编码和名称
供应商	01 服装商	0101 批发商
		0102 代销商
	02 手表商	0201 批发商
		0202 代销商

续表1.2

类别名称	一级分类编码和名称	二级分类编码和名称
客户	01 经销商	0101 北京市经销商
	02 批发商	0201 广东省批发商
		0202 山东省批发商
	03 子公司	0301 上海子公司
	04 零散客户	0401 零散客户

3. 付款条件

付款条件见表1.3。

表1.3 付款条件

付款条件编码	信用天数	优惠天数1	优惠率1	优惠天数2	优惠率2	优惠天数3	优惠率3
01	30	10	4	20	2	30	0
02	60	20	2	40	1	60	0
03	60	30	2	45	1	60	0

4. 客户档案

客户档案见表1.4。

表1.4 客户档案

客户编码	001	002	003	004	05
客户名称	北京王府井百货公司	广州市东山百货公司	烟台市大山百货公司	上海昌运贸易公司	零散客户
客户简称	北京王府井	广州东山	烟台大山	上海昌运	零散客户
所属分类码	0101	0201	0202	0301	0401
所属银行	中国建设银行	中国工商银行	中国银行	中国建设银行	
开户银行	中国建设银行	中国工商银行	中国银行山东省分行	中国建设银行	
银行账号	1100788	21338899	123456789012345	22117788	
税号	01011117788	020222666888	09998883388	02155559999	
信用额度/万元	200	500	500	800	
付款条件	01	02	03		
默认值	是	是	是	是	

5. 供应商档案

供应商档案见表1.5。

表1.5 供应商档案

供应商编码	001	002	003	004
供应商名称	上海永昌服装厂	北京大地服装厂	上海钻石手表厂	奥尔马表厂
客户简称	上海永昌	北京大地	上海钻石	奥尔马
所属分类码	0101	0102	0201	0202
开户银行	中国工商银行	中国建设银行	中国建设银行	中国银行
银行账号	21118899	02106688	11055899	01008899
税号	02133221188	02155889966	01055998877	01022331199
默认值	是	是	是	是

6. 存货资料

(1) 计量单位。

01：自然单位，无换算率。包括件、条、套、只、对、盒、箱及次。

02：换算1组，固定换算率。1盒=10只，1箱=40盒。

03：换算2组，固定换算率。1包=20件或条，1大包=10包。

(2) 存货分类和存货档案（表1.6）。

表1.6 存货分类和存货档案

存货分类		存货编码及名称	计量单位组	计量单位	税率	属性	参考成本/元	参考售价/元	售价/元
一级	二级								
01 商品	01001 服装	001 永昌女衣	换算2组	件/条	17%	外购、销售	200	280	
		002 永昌女裤	换算2组	件/条	17%	外购、销售	160	220	
		003 永昌女套装	自然单位	套	17%	外购、销售	350	500	
		004 永昌男衣	换算2组	件/条	17%	外购、销售	300	500	
		005 永昌男裤	换算2组	件/条	17%	外购、销售	200	280	
		006 永昌男套装	自然单位	套	17%	外购、销售	800	1 200	
		007 大地女风衣	换算2组	件/条	17%	外购、销售	120	200	
		008 大地男风衣	换算2组	件/条	17%	外购、销售	150	220	
		009 奥尔马女表	换算1组	只	17%	外购、销售、代销	800	1 200	1 300

续表1.6

存货分类		存货编码及名称	计量单位组	计量单位	税率	属性	参考成本/元	参考售价/元	售价/元
一级	二级								
01 商品	01001 服装	010 奥尔马男表	换算1组	只	17%	外购、销售、代销	850	1 300	1 400
		011 奥尔马情侣表	自然单位	对	17%	外购、销售、代销	2 000	2 500	2 800
		012 钻石女表	换算1组	只	17%	外购、销售	120	200	220
		013 钻石男表	换算1组	只	17%	外购、销售	140	220	240
		014 钻石情侣表	自然单位	对	17%	外购、销售	280	600	630
02	02001 劳务费用	015 运输费	自然单位	次	7%	外购、销售、应税劳务			

7. 结算方式

01 现金支票;02 转账支票;03 商业承兑汇票;04 银行承兑汇票;05 电汇。

8. 开户银行

编码:01;银行账号:110001016688;开户银行:中国工商银行北京分行。

9. 仓库档案

01:永昌服装仓,采用先进先出法。

02 大地服装仓,采用全月平均法。

03:手表仓,采用售价法。

10. 收发类别

收发类别见表1.7。

表1.7 收发类别

一级编码及名称	二级编码和名称	一级编码和名称	二级编码和名称
1 入库	101 采购入库	2 出库	201 销售出库
	102 采购退货		202 销售退货
	103 盘盈入库		203 盘亏出库
	104 调拨入库		204 调拨出库
	105 其他入库		205 其他出库

11. 采购类型和销售类型

采购类型和销售类型见表 1.8。

表 1.8 采购类型和销售类型

采购类型		销售类型	
名称	入库类别	名称	出库类别
01 厂商采购	采购入库	01 批发销售	销售出库
02 代销商进货	采购入库	02 经销商批发	销售出库
03 采购退回	采购退货	03 销售退回	销售退货
		04 门市销售	销售出库

12. 费用项目

费用项目见表 1.9。

表 1.9 费用项目

费用项目编码	费用项目名称
01	运输费
02	装卸费
03	包装费
04	业务招待费

13. 发运方式

发运方式见表 1.10。

表 1.10 发运方式

发运方式编码	发运方式名称
01	公路运输
02	铁路运输
03	水运
04	邮寄

【实验指导】

1. 建立部门档案

部门档案用于设置部门相关信息,包括部门编码、名称、负责人、编码属性等。

执行"机构人员"→"部门档案"命令,打开"部门档案"窗口。按实验资料输入部门信息,如图 1.9 所示。

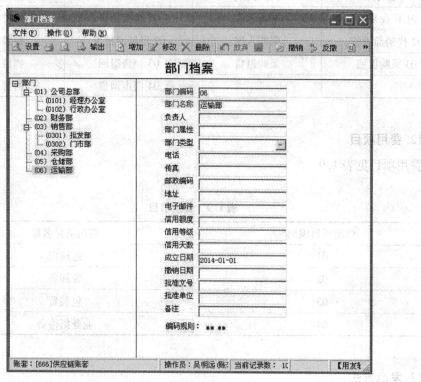

图1.9 "部门档案"窗口

2. 建立职员档案

此处的职员是指企业的各个职能部门中参与企业的业务活动,并且需要对其核算业绩、考核业绩的人员,而并非企业的全体职员。

执行"机构人员"→"人员档案"命令,打开"人员列表"窗口。按实验资料录入职员信息,如图 1.10 所示。

3. 客户/供应商分类

客户/供应商分类是指按照客户或供应商的某种属性或某种特征,将客户或供应商进行分类管理。

（1）执行"客商信息"→"客户分类"命令，打开"客户分类"窗口。按实验资料输入客户分类信息，如图 1.11 所示。

（2）执行"客商信息"→"供应商分类"命令，打开"供应商分类"窗口。按实验资料输入供应商分类信息，如图 1.12 所示。

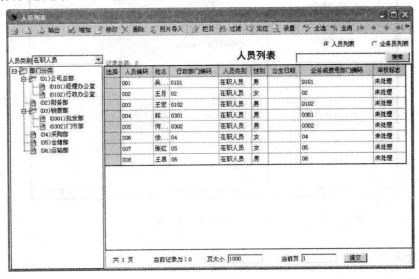

图 1.10 "人员列表"窗口

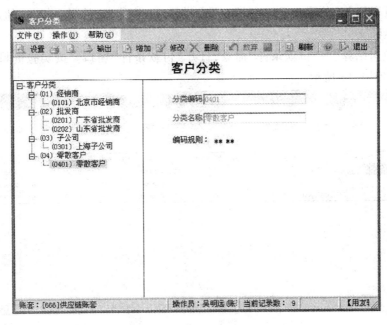

图 1.11 "客户分类"窗口

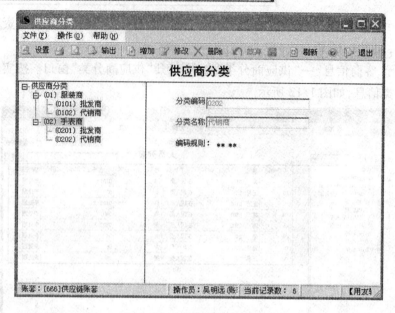

图 1.12 "供应商分类"窗口

4. 付款条件

付款条件即现金折扣,用来设置企业在经营过程中与往来单位协议规定的收、付款折扣优惠方法。这种折扣条件一般可以表示为 2/10、1/20、n/30 等,其含义是客户在 10 天内付款,可得到 2% 的现金折扣;在 20 天内付款,可得到 1% 的现金折扣;超过 20 天付款,则按照全额支付货款。

执行"收付结算"→"付款条件"命令,打开"付款条件"窗口。按实验资料输入全部付款条件,如图 1.13 所示。

序号	付款条件编码	付款条件名称	信用天数	优惠天数1	优惠率1	优惠天数2	优惠率2	优惠天数3	优惠率3	优惠天数…
1	01	4/10, 2/20, n/30	30	10	4.000000	20	2.000000	30	0.000000	
2	02	2/20, 1/40, n/60	60	20	2.000000	40	1.000000	60	0.000000	
3	03	2/30, 1/45, n/60	60	30	2.000000	45	1.000000	60	0.000000	

图 1.13 "付款条件"窗口

5. 客户档案

客户档案主要用于设置往来客户的基本信息，便于对客户及其业务数据进行统计和分析。

(1)执行"客商信息"→"客户档案"命令，打开"客户档案"窗口。窗口分为左、右两部分，左窗口显示已经设置的客户分类，选中某一客户分类，则在右窗口中显示该分类下所有的客户列表。

(2)单击"增加"按钮，打开"增加客户档案"窗口。窗口中共包括四个选项卡，即"基本""联系""信用""其他"。对客户不同的属性分别归类记录。

(3)按实验资料输入客户信息，如图1.14所示。

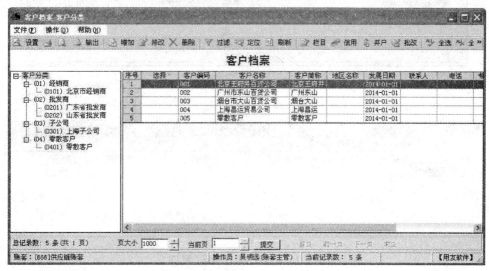

图1.14 "客户档案－客户分类"窗口

(4)选中窗口右侧的第一条记录，即北京王府井百货公司，使其底色变蓝，然后单击工具栏中的"修改"按钮，系统弹出"修改客户档案"窗口，如图1.15所示。

(5)单击图1.15中的"银行"按钮，系统弹出"客户银行档案"窗口。将实验资料中的"所属银行""开户银行""银行账号"输入到上述窗口中，其中"所属银行"和"默认值"是参照录入的，如图1.16所示。

6. 供应商档案

供应商档案主要用于设置往来供应商的档案信息，以便于对供应商及其业务数据进行统计和分析。

(1)执行"客商信息"→"供应商档案"命令，打开"供应商档案"窗口。窗口分为左、右两部分，左窗口显示已经设置的供应商分类，选择某一供应商分类，则在右窗口显示该分类下所有的供应商列表。

(2)单击"增加"按钮,打开"供应商档案"窗口。

(3)按实验资料输入供应商信息,如图 1.17 所示。

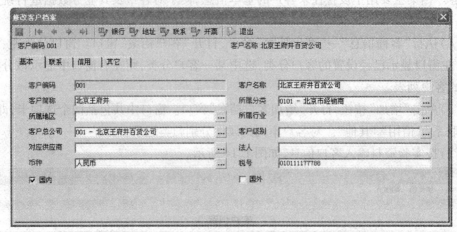

图 1.15 "修改客户档案"窗口

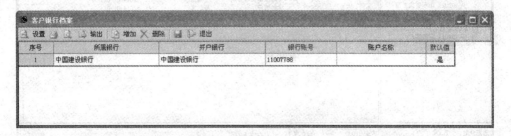

图 1.16 "客户银行档案"窗口

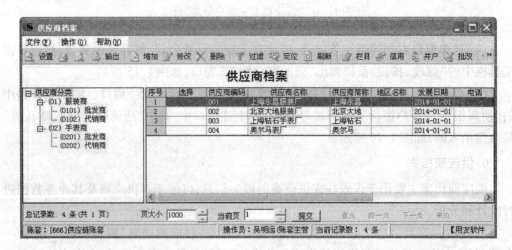

图 1.17 "供应商档案"窗口

7. 存货相关信息设置

存货是企业的一项重要经济资源,涉及企业供应链管理的整个流程,是企业物流管理和财务核算的主要对象。

(1)存货分类。

如果企业存货较多,可以按一定方式对存货进行分类管理。存货分类是指按照存货固有的特征或属性,将存货划分为不同的类别,以便于分类核算和统计。

执行"存货"→"存货分类"命令,打开"存货分类"窗口。按实验资料输入存货分类信息,如图1.18所示。

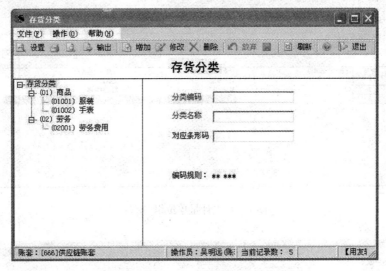

图1.18 "存货分类"窗口

(2)计量单位。

企业的存货种类繁多,不同的存货具有不同的计量单位;同一存货用于不同业务,其计量单位也可能不同。

存货计量单位可以分为"无换算""固定换算"和"浮动换算"三类。"无换算"计量单位一般是指自然单位、度量衡单位等。"固定换算"计量单位是指各个计量单位之间存在着不变的换算比率,这种计量单位之间的换算关系即为固定换算率。"浮动换算"计量单位则指计量单位之间无固定换算率,这种不固定换算率称为浮动换算率。无论是"固定换算"还是"浮动换算"关系的计量单位,都应该设置其中一个单位为"主计量单位",其他单位以此为基础,按照一定的换算率进行折算。一般来说,将最小的计量单位设置为主计量单位。

①执行"存货"→"计量单位"命令,打开"计量单位"窗口。

②单击"分组"按钮,打开"计量单位组"窗口。

③单击"增加"按钮,输入计量单位组的编码、名称、换算类别等信息。输入全部计量单位组,如图1.19所示。

④退出"计量单位组"窗口,显示计量单位组列表。

⑤选中"(01)自然单位<无换算率>"计量单位组,单击"单位"按钮,打开"计量单位"对话框。

⑥单击"增加"按钮,输入计量单位编码、名称、所属计量单位组、换算率等信息。

⑦单击"保存"按钮,保存计量单位信息,如图1.20所示。

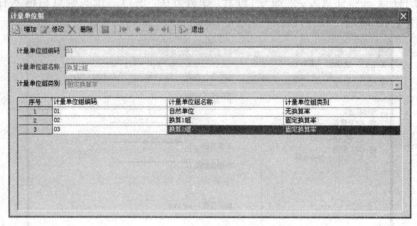

图1.19 "计量单位组"窗口

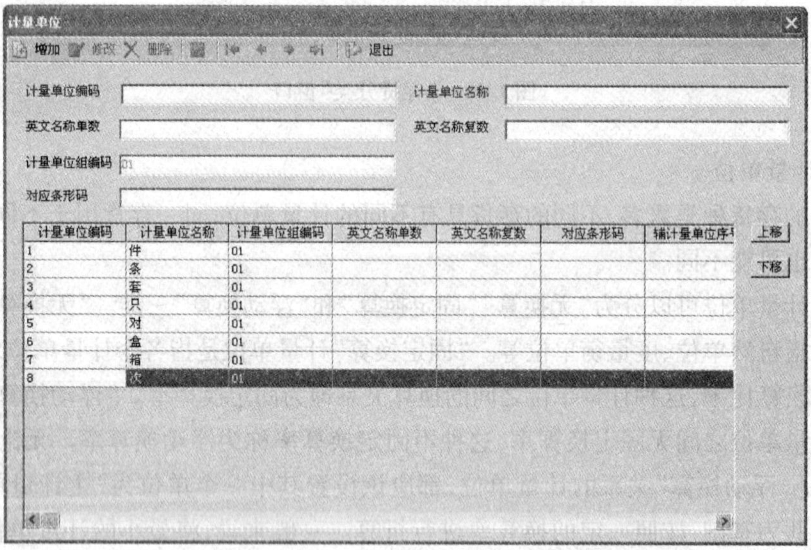

图1.20 自然单位组的计量单位

⑧单击"退出"按钮,退出自然单位组计量单位的设置。

⑨选中"(02)换算1组＜固定换算率＞"计量单位组,单击"单位"按钮,打开"计量单位"对话框。

⑩单击"增加"按钮,输入计量单位编码"9",计量单位名称为"只",如图1.21所示。

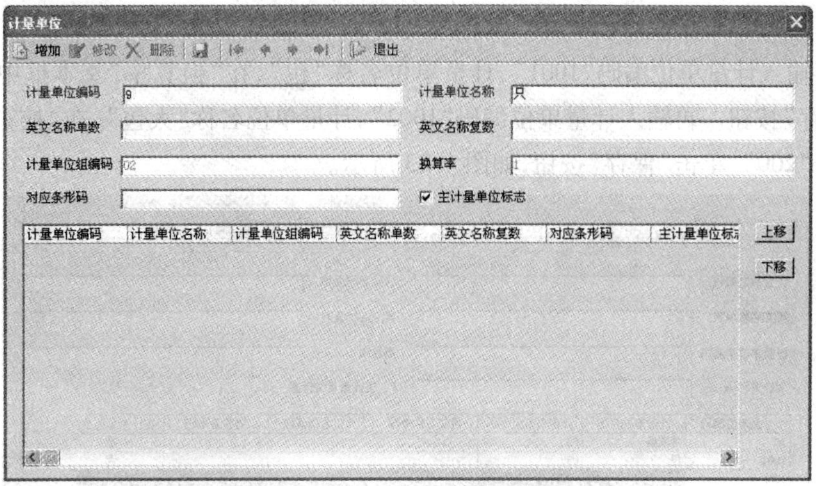

图1.21 换算一组的第一种计量单位

⑪单击"保存"按钮,再输入计量单位编码"901",计量单位名称"盒",在"换算率"文本框中输入"10",单击"保存"按钮。再输入计量单位编码"902",计量单位名称"箱",在"换算率"文本框中输入"400",单击"保存"按钮,如图1.22所示。

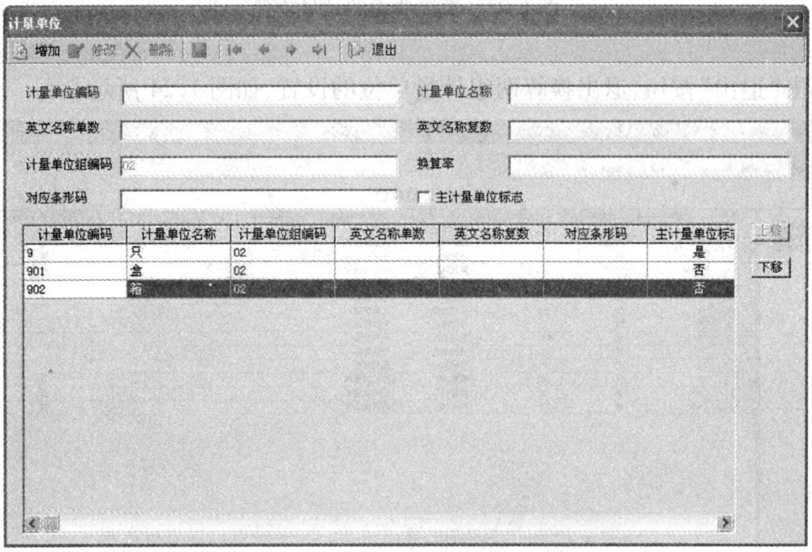

图1.22 换算一组的第二种计量单位

⑫单击"退出"按钮,退出换算一组计量单位的设置。

⑬选中"(03) <固定换算率>"计量单位组,单击"单位"按钮,打开"计量单位"对话框。

⑭单击"增加"按钮,输入计量单位编码"10",计量单位名称"件或条",单击"保存"按钮。

⑮再输入计量单位编码"1001",计量单位名称"包",在"换算率"文本框中输入20,单击"保存"按钮。再输入计量单位编码"1002",计量单位名称"大包",在"换算率"文本框中输入"200",单击"保存"按钮,如图1.23所示。

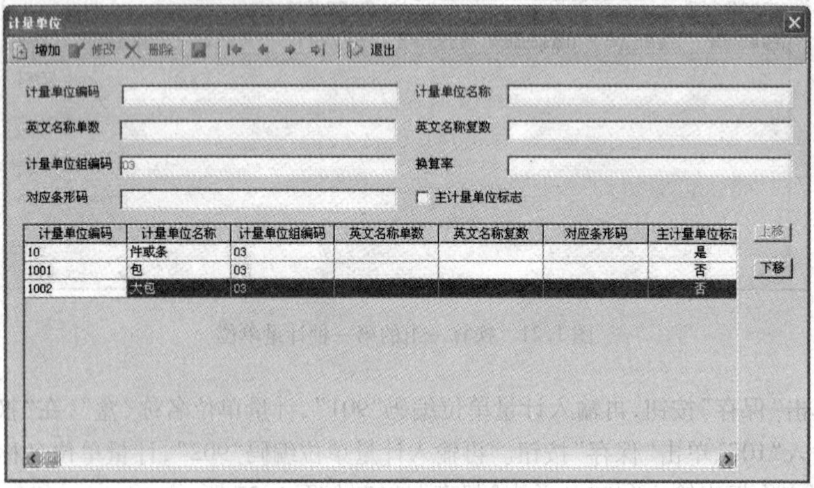

图1.23 换算两组的计量单位

⑯单击"退出"按钮,退出换算两组计量单位的设置,如图1.24所示。

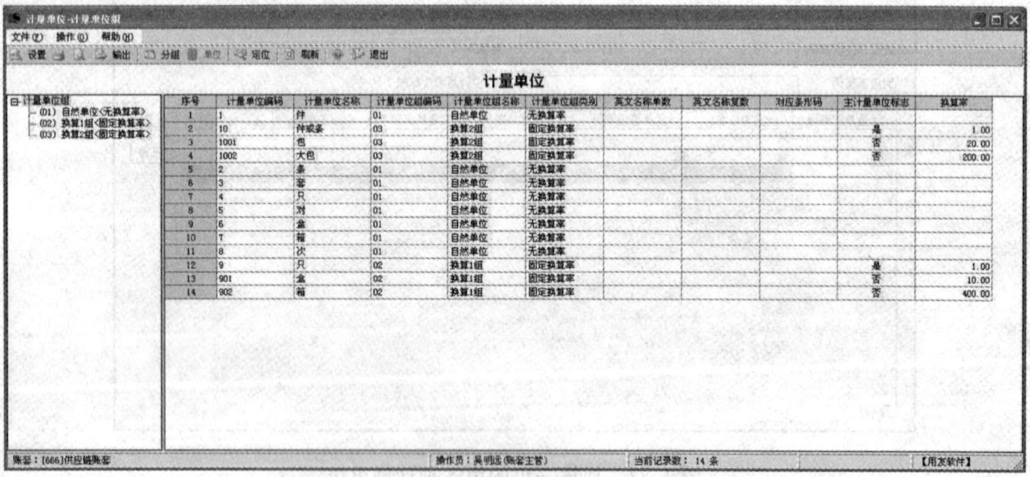

图1.24 全部的计量单位

(3)存货档案。

存货档案是供应链所有子系统核算的依据和基础,必须科学、合理地对其进行分类,准确完整地提供存货档案数据。

存货档案主要是对企业全部存货目录的设立和管理,包括随同发货单或发票一起开具的应税劳务也应设置在存货档案中。存货档案可以进行多计量单位设置。

①执行"存货"→"存货档案"命令,打开"存货档案"窗口。

②选中"(01)商品-(01001)服装"存货分类,如图1.25所示。

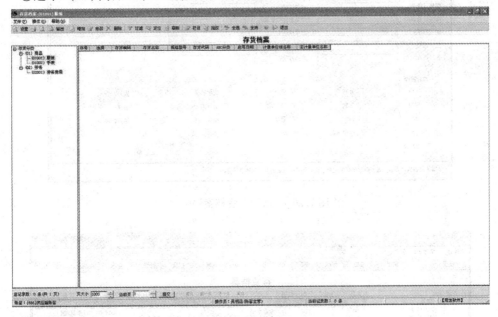

图1.25 "存货档案"窗口

③单击"增加"按钮,打开"增加存货档案"窗口。

④根据所给资料填制"001永昌女衣"的存货档案的"基本"选项卡,如图1.26所示。

⑤单击"保存"按钮,保存存货档案信息。

⑥重复上述步骤,输入全部存货档案。存货档案列表如图1.27所示。

提示:由于此时还未启动"采购管理"系统,在设置"奥尔马手表"的存货档案时还不能设置"是否委托代销"的属性,待启动"采购管理"系统后再补充设置。

8. 设置结算方式

为了便于提高银行对账的效率,系统提供了设置银行结算方式的功能。该功能主要用来建立和管理用户在经营活动中所涉及的结算方式,其设置应该与财务结算方式一致。

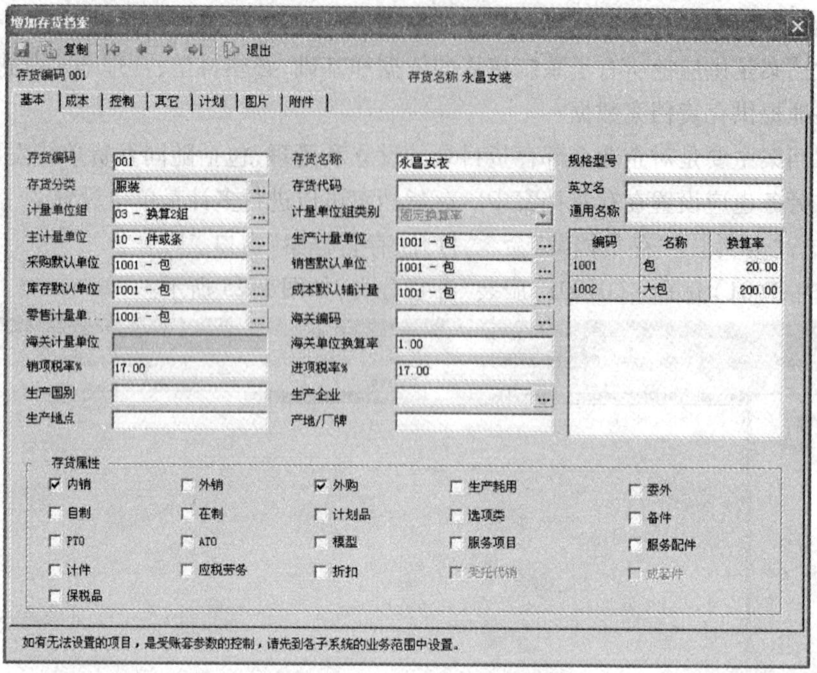

图1.26 "增加存货档案"窗口

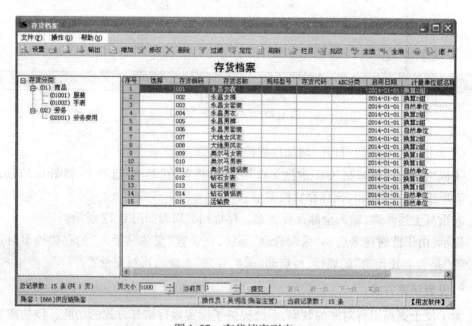

图1.27 存货档案列表

执行"收付结算"→"结算方式"命令,打开"结算方式"窗口。按试实验资料输入结算方式。

9. 开户银行

执行"收付结算"→"本单位开户银行"命令,打开"本单位开户银行"窗口。按实验资料输入开户银行信息。

10. 仓库档案

仓库是用于存放存货的场所,对存货进行核算和管理,首先应对仓库进行管理。全部仓库档案的设置结果如图 1.28 所示。

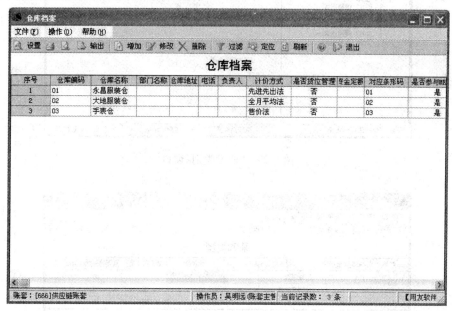

图 1.28 "仓库档案"窗口

执行"业务"→"仓库档案"命令,打开"仓库档案"仓库。按实验资料设置企业仓库。

11. 收发类别

执行"业务"→"收发类别"命令,打开"收发类别"窗口。按实验资料输入收发类别。全部收发类别的设置结果如图 1.29 所示。

12. 采购类型

采购类型是用户对采购业务所做的一种分类,是采购单据上的必填项。

执行"业务"→"采购类型"命令,打开"采购类型"窗口。按实验资料输入采购类型。全部采购类型的设置结果如图 1.30 所示。

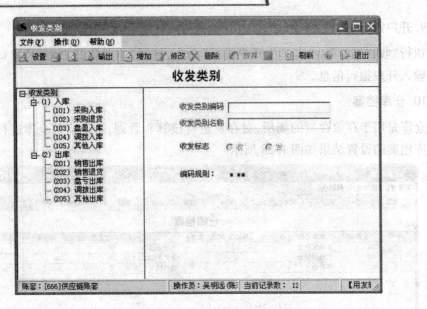

图1.29 "收发类别"窗口

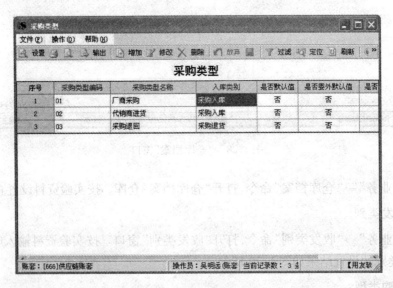

图1.30 "采购类型"窗口

13. 销售类型

销售类型是用户自定义销售业务的类型,其目的在于可以根据销售类型对销售业务数据进行统计和分析。

执行"业务"→"销售类型"命令,打开"销售类型"窗口。按实验资料输入销售类型。全部销售类型的设置结果如图1.31所示。

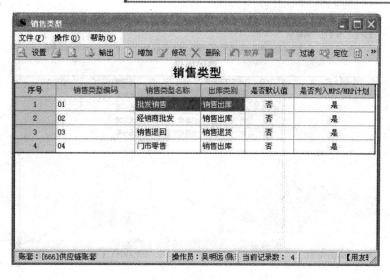

图 1.31 "销售类型"窗口

14. 费用项目

费用项目主要用于处理在销售活动中支付的代垫费用、各种销售费用等业务。

(1)执行"业务"→"费用项目分类"命令,打开"费用项目分类"窗口。设置一个"无分类",如图 1.32 所示。

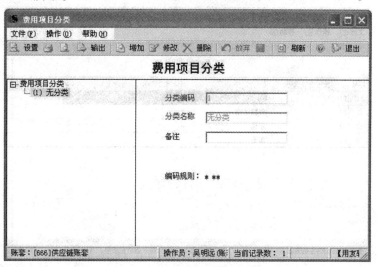

图 1.32 "费用项目分类"窗口

(2)执行"业务"→"费用项目"命令,打开"费用项目"窗口。按实验资料输入费用项目。全部费用项目的设置结果如图 1.33 所示。

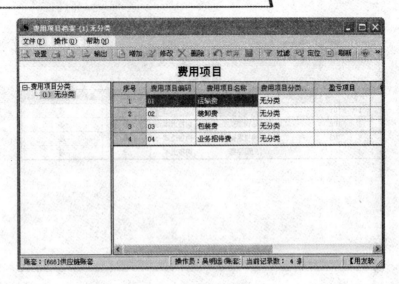

图 1.33 "费用项目"窗口

15. 发运方式

发运方式是指设定采购业务、销售业务中存货的运输方式。

执行"业务"→"发运方式"命令,打开"发运方式"窗口。按实验资料输入发运方式。全部发运方式的设置结果如图 1.34 所示。

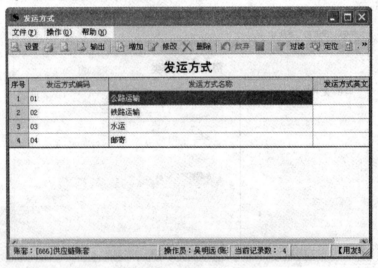

图 1.34 "发运方式"窗口

任务三 财务基础设置

已经完成第一章任务二的操作,并将系统时间调整为2014年1月1日。
主要设置总账系统参数、设置会计科目、凭证类别及录入期初余额。

【实验资料】

(1)666账套总账系统的参数。
不允许修改、作废他人填制的凭证。
(2)设置会计科目。
修改会计科目"应收账款""应收票据"和"预收账款",辅助核算为"客户往来",受控于"应收款系统";修改会计科目"应付票据"和"预付账款",辅助核算为"供应商往来",受控于"应付系统";增加"220201 应付货款"科目,设置为"供应商往来",增加"220202 暂估应付款"科目。
(3)设置凭证类别(表1.11)。

表1.11 凭证类别

类别字	类别名称	限制类型	限制科目
收	收款凭证	借方必有	1001,1002
付	付款凭证	贷方必有	1001,1002
转	转账凭证	凭证必无	1001,1002

(4)总账系统期初余额(表1.12)。

表1.12 总账系统期初余额

资产			负债和所有者权益		
科目	方向	余额/元	科目	方向	余额/元
库存现金	借	8 000	短期借款	贷	200 000
银行存款	借	380 000	暂估应付款	贷	155 000
库存商品	借	1 019 500	长期借款	贷	500 000
商品进销差价	贷	-2 600	实收资本	贷	1 200 000
受托代销商品	借	41 500	盈余公积	贷	207 600
发出商品	借	272 000	未分配利润	贷	220 000

续表 1.12

资产			负债和所有者权益		
科目	方向	余额/元	科目	方向	余额/元
固定资产	借	880 000			
累计折旧	贷	121 000			
合计	借	2 482 600	合计	贷	2 482 600

【实验指导】

1. 设置总账系统参数

(1)在"企业应用平台"窗口中打开"业务工作"选项,执行"财务会计"→"总账"命令,打开"总账"系统。

(2)在"总账"系统中,执行"总账"→"设置"→"选项"命令,打开"选项"对话框。

(3)单击"权限"标签,然后再单击"编辑"按钮。

(4)取消"允许修改、作废他人填制的凭证"复选框。

(5)单击"确定"按钮。

2. 设置会计科目辅助核算类别

(1)在"企业应用平台"窗口中打开"基础设置"选项,执行"基础档案"→"财务"→"会计科目"命令,打开"会计科目"对话框。

(2)在"会计科目"对话框中双击"1122 应收账款",或在选中"1122 应收账款"后单击"修改"按钮,打开"会计科目_修改"对话框。

(3)在"会计科目_修改"对话框中,单击"修改"按钮。

(4)选中"客户往来"复选框,默认"受控系统"为"应收系统",如图 1.35 所示。

(5)单击"确定"按钮。以此方法修改其他的会计科目。

3. 修改会计科目

(1)在"会计科目"对话框中,双击"1321 代理业务资产",打开"会计科目_修改"对话框。

(2)在"会计科目_修改"对话框中,单击"修改"按钮。

(3)修改会计科目名称为"受托代销商品",单击"确定"按钮。

4. 设置凭证类别

(1)在"企业应用平台"窗口中,打开"基础设置"选项卡,执行"基础档案"→"财务"→"凭证类别"命令,打开"凭证类别"对话框。

(2)在"凭证类别"对话框中,选中"收款凭证""付款凭证""转账凭证"单选按钮。

(3)单击"确定"按钮,打开"凭证类别"窗口。

(4)单击"修改"按钮,根据所给资料设置各种凭证类别的限制内容,如图1.36所示。

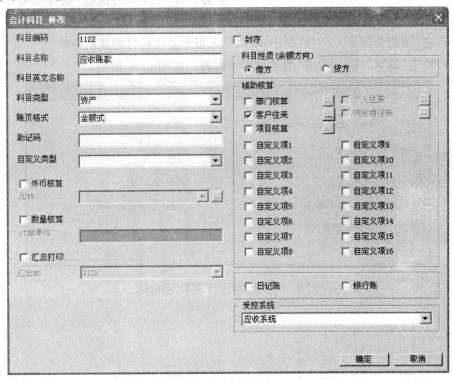

图1.35 "会计科目_修改"窗口

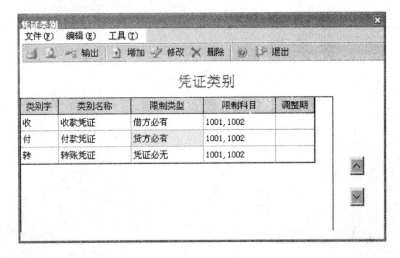

图1.36 "凭证类别"窗口

5. 录入期初余额

(1)在"企业应用平台"窗口中,打开"业务工作"选项卡,执行"财务会计"→"总账"→"设置"→"期初余额"命令,打开"期初余额录入"对话框。

(2)在"期初余额录入"对话框中,依次录入每个会计科目的期初余额。

(3)单击"试算"按钮,生成"期初试算平衡表",如图1.37所示。

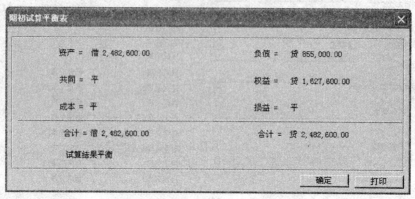

图1.37 "期初试算平衡表"对话框

第二章
Chapter 2

采购管理

【功能概述】

用友 ERP－U8 管理系统通过普通采购、直运采购、受托代销等流程对不同的采购业务进行有限的控制和管理,以便帮助企业降低采购成本,提升企业竞争力。

采购管理系统的主要功能如下。

1. 多途径采购功能

在企业中,采购业务的需求来源有多种,包括计划部门的主生产计划、物料投放需求计划以及库存缺货而生成的需求;为满足以销定购的工商业一体化业务需求;根据长期购货合同确定的定期购货需求;零星的购货需求等。采购管理系统提供根据计划、销售、仓库及采购自身需要等多途径采购功能。

2. 订单管理

采购订单是物资在采购业务中流动的起点,它通过采购申请获取来自生产和销售等系统的信息,将供应链整体的信息有机地联系起来。订单管理主要记录、跟踪和控制订单的执行情况,包括针对采购合同的执行,控制购货价格、折扣及数量;随时跟踪订单完成情况,控制订单的执行;根据实际补货情况追加执行订单;比较订单执行差异;通过业务和分析报表反映订单执行情况等。如果企业有集团内部的购销业务,则还要包括集团内部购货或调拨订单的执行情况。

3. 发票管理

采购发票具有业务和财务双重性质,发票的业务处理和控制是企业采购业务中的一个重要环节。采购发票与全部业务单据都有联系,与其采购合同、付款单及预付单据联系紧密。采购管理系统提供增值税专用发票和普通发票管理,并与应付款管理系统实现发票共享。

4. 购货质检管理

工业系统提供比较全面的质量检验管理,包括购货检验、完工检验和库存抽检三种质量检验业务。在采购管理系统中,为非免检货物提供检仓和送货流程,并根据检验结果确认入库货物,同时提供相关的业务查询报表。

5. 供应商供货管理

供应商供货管理以购货价格为中心,完善地记录、控制并管理供应商的供货业务资料,包括对不同供应商、不同物料、不同数量段、不同币别的价格和折扣信息的详细记录,以及业务传递、自动更新、数据分析,同时进行采购最高限价的控制和预警管理,供应商供货管理是采购管理系统,乃至整个供应链体系中重要的综合数据处理中心之一。

【实验目的与要求】

运用采购管理系统对普通采购业务、受托代销业务、直运采购业务、退货业务和暂估业务等进行处理,及时进行采购结算。能够与应付款管理系统、总账系统集成使用,以便及时处理采购款项,并对采购业务进行相应的账务处理。通过对本章的学习,学生能够掌握采购业务的处理流程和处理方法,深入了解采购管理系统与供应链管理系统的其他子系统、与 ERP 系统中的相关子系统之间的紧密联系和数据传递关系,以便正确处理采购业务与采购相关的其他业务。

【课时建议】

建议本章讲授 6 课时,上机操作练习 8 课时。

任务一　采购管理系统初始化

完成第一章三个任务的操作,将系统日期修改为 2014 年 1 月 31 日,以"吴明远"操作员的身份登录 666 账套的"企业应用平台"。

主要内容包括:分别启动采购管理、库存管理、存货核算和应付款管理系统,并设置系统参数;修改具有"受托代销"要求的存货档案;分别进行采购管理、库存管理、存货核算和应付款管理系统的初始设置,并输入供应链各模块启用期间的期初余额;对采购管理系统和库存管理系统或存货核算系统进行期初记账。

【实验资料】

1. 设置系统参数

(1)设置采购管理系统参数。启用受托代销业务;普通业务必有订单;允许超订单到货及入库;订单/到货单/发票单价录入方式为手工录入;专用发票默认税率为 17%。

(2)修改存货档案。将奥尔马女表、男表、情侣表设置为"受托代销"属性。

(3)设置库存管理系统参数。包括受托代销业务;组装业务;采购入库审核时改现存量;销售出库审核时改现存量;其他出入库审核时改现存量;不允许超出可用量出库;出入库检查可用量;自动带出单价的单据包括全部出库单;其他设置由系统默认。

(4)设置存货核算系统参数。核算方式为按仓库核算;暂估方式为单到回冲;销售成本核算方式为按销售发票;委托代销成本核算方式为普通销售发票;零成本出库按参考成本价核算;结算单价与暂估单价不一致时需要调整出库成本;其他设置由系统默认。

(5)应付款管理系统选项见表2.1。

表2.1 应付款管理系统选项

应付款核销方式	按单据	单据审核日期依据	单据日期
控制科目依据	按供应商	受控科目制单方式	明细到单据
采购科目依据	按存货	汇兑损益方式	月末处理

(6)应付款管理系统初始设置。

基本科目设置:应付科目为"220201",预付科目为"1123",采购科目为"1401";税金科目为"22210101",银行承兑科目为"2201",商业承兑科目为"2201"。

结算方式科目设置:现金支票、转账支票、电汇结算方式科目均为"1002"。

2. 启用期初数据

(1)采购管理系统(采购管理系统价格均为不含税价)。

期初暂估单:

①2013年12月18日,永昌女套装100套,单价350元,入永昌服装仓,购自永昌服装厂。

②2013年12月8日,永昌男套装150套,单价800元,入永昌服装仓,购自永昌服装厂。

受托代销期初数据:

③2013年12月10日,奥尔马女表20只,单价800元,入手表仓,奥尔马表厂委托代销。

④2013年12月28日,奥尔马男表30只,单价850元,入手表仓,奥尔马表厂委托代销。

(2)库存系统和存货核算期初数见表2.2。

表2.2 库存管理系统和存货核算期初数

仓库名称	存货编码和名称	数量	单价/元	金额/元	期初差异	差价科目
永昌服装仓	001 永昌女衣	100	200	20 000	—	
永昌服装仓	004 永昌男衣	200	300	60 000	—	
永昌服装仓	002 永昌女裤	100	160	16 000	—	
永昌服装仓	005 永昌男裤	200	200	40 000	—	

续表2.2

仓库名称	存货编码和名称	数量	单价/元	金额/元	期初差异	差价科目
永昌服装仓	003 永昌女套装	50	350	17 500	—	
永昌服装仓	006 永昌男套装	30	800	24 000	—	
大地服装仓	007 大地女风衣	300	120	36 000	—	
大地服装仓	007 大地男风衣	500	150	75 000		
手表仓	009 奥尔马女表	50	800	40 000	—	
手表仓	010 奥尔马男表	60	850	51 000		
手表仓	012 钻石女表	100	120	12 000	1 200	1407 商品进销差价
手表仓	013 钻石男表	200	140	28 000	1 400	1407 商品进销差价

注：存货期初差异计入"商品进销差价"账户。

【实验指导】

1. 设置系统参数

(1)设置采购管理系统参数。

①打开企业应用平台，打开"业务工作"选项卡，执行"供应链"→"采购管理"命令，打开采购管理系统。

②在系统菜单下，执行"设置"→"采购选项"命令，弹出"采购选项设置"对话框，如图2.1所示。

③打开"业务及权限控制"选项，对本单位需要的参数进行选择。

④打开"公共及参照控制"选项，修改"单据默认税率"为17%，如图2.2所示。

⑤所有参数选定后，单击"确定"按钮，保存对系统参数的设置。

(2)修改存货档案。

①打开"基础设置"选项卡，执行"存货"→"存货档案"命令，打开"存货档案"窗口。

②选中窗口左边的"手表"类存货，再选中右侧"存货档案"窗口中的"009 奥尔马女表"所在行，单击"修改"按钮，打开"修改存货档案"窗口。

③选中"受托代销"复选框，如图2.3所示。

④单击"保存"按钮，保存对存货档案的修改信息。

⑤单击"下一张"按钮，打开"修改存货档案"的"010 奥尔马男表"对话框。重复上述步骤，保存所有需要修改的存货档案信息。再单击"下一张"按钮，打开"修改存货档案"的"011 奥尔马情侣表"对话框。重复上述步骤，保存所有需要修改的存货档案信息。

⑥单击"退出"按钮。

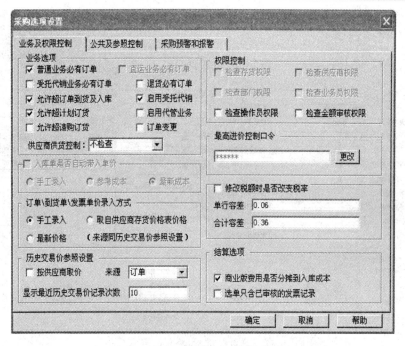

图 2.1　采购管理系统基本参数设置

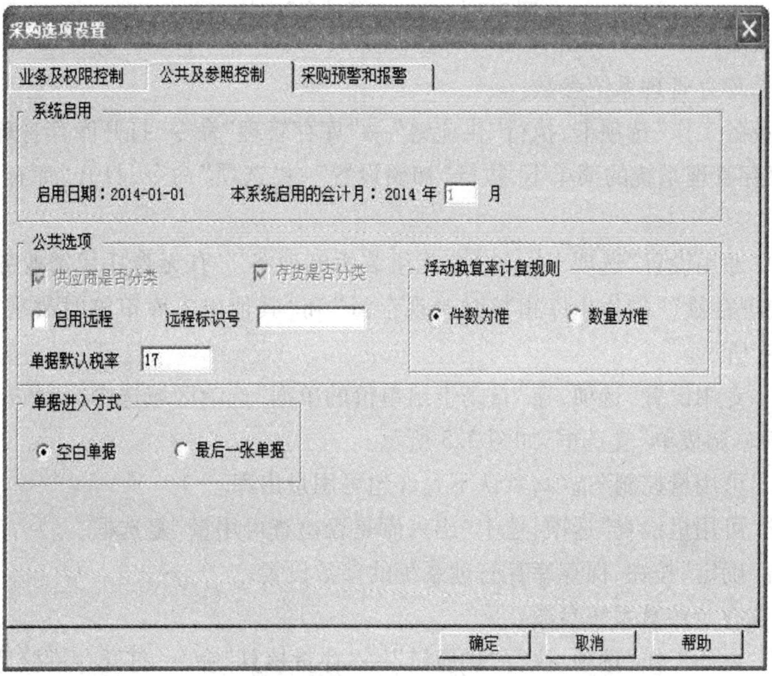

图 2.2　采购管理系统控制参数

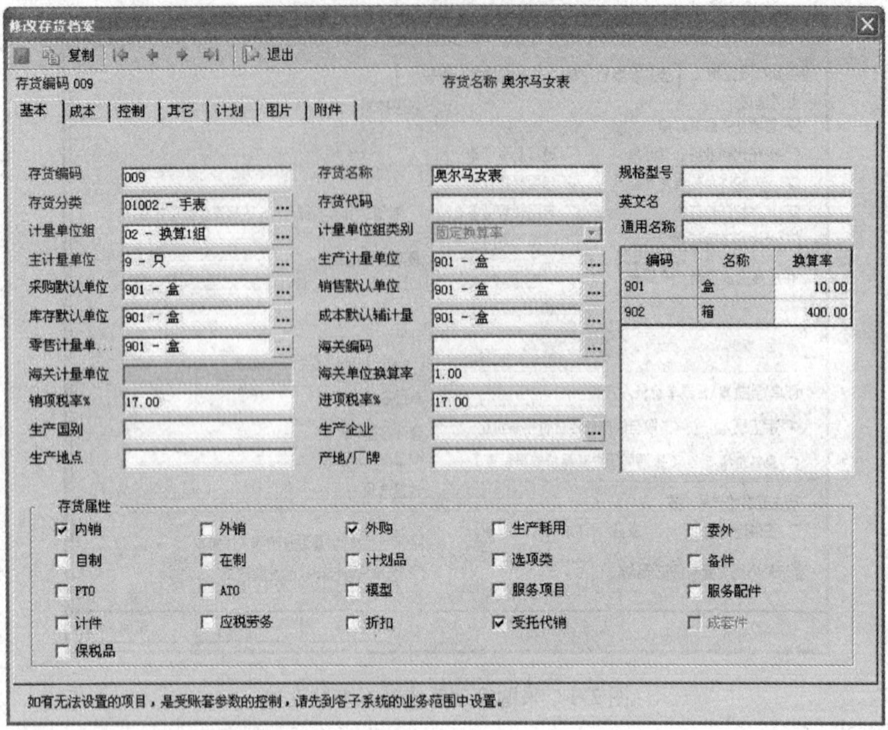

图2.3 "修改存货档案"窗口

（3）设置库存管理系统参数。

打开"业务工作"选项卡，执行"供应链"→"库存管理"命令，打开库存管理。

①在库存管理系统的菜单下，执行"初始设置"→"选项"命令，打开"库存选项设置"对话框。

②选中"通用设置"选项卡中的"有无组装拆卸业务""有无受托代销业务""采购入库审核时改现存量""销售出库审核时改现存量"和"其他出入库审核时改现存量"复选框，如图2.4所示。

③打开"专用设置"选项，在"自动带出单价的单据"选项区域选中"销售出库单""其他出库单"和"调拨单"复选框，如图2.5所示。

④打开"可用量控制"选项，默认不允许超可用量出库。

⑤打开"可用量检查"选项，选中"出入库是否检查可用量"复选框。

⑥单击"确定"按钮，保存库存管理系统的参数设置。

（4）设置存货核算系统参数。

①打开"业务工作"选项，执行"供应链"→"存货核算"命令，打开存货核算系统。

②在存货核算系统菜单中，执行"初始设置"→"选项"→"选项录入"命令，打开"选项录入"对话框。

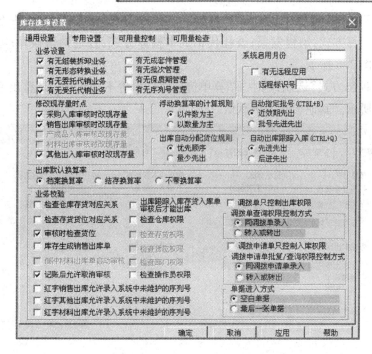

图 2.4 库存管理系统通用参数

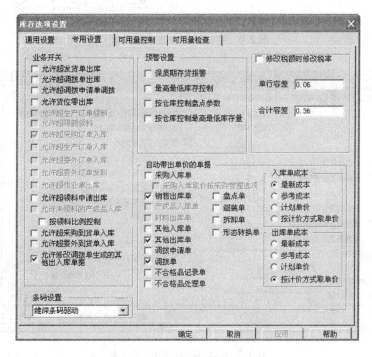

图 2.5 库存管理系统专用参数

③在"核算方式"选项中设置核算参数。核算方式:按仓库核算;暂估方式:单到回冲;销售成本核算方式:销售发票;委托代销成本核算方式:普通销售核算;零成本出库:参考成本,如图2.6所示。

④打开"控制方式"选项,选中"结算单价与暂估单价不一致是否调整出库成本"复选框,如图2.7所示。其他参数系统默认。

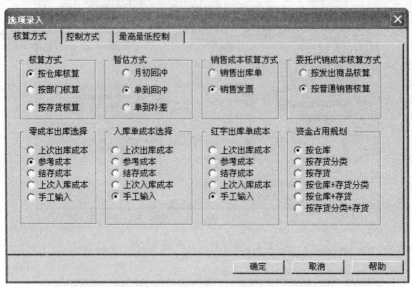

图2.6 存货核算方式参数设置

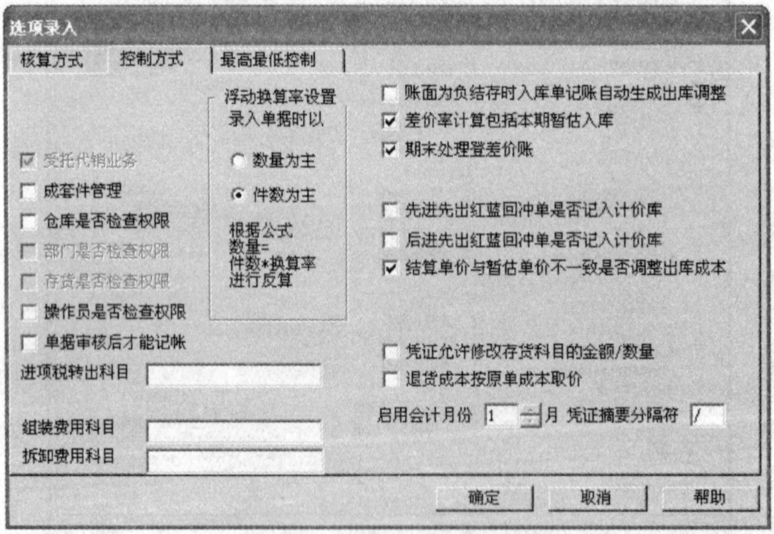

图2.7 存货控制方式参数设置

⑤单击"确定"按钮,保存存货核算系统参数的设置。

(5)应付款管理系统的参数设置和初始设置。

①执行"业务工作"→"财务会计"命令,进入应付款管理系统。

②在系统菜单下,执行"设置"→"选项"命令,弹出"账套参数设置"对话框。

③打开"常规"选项卡,单击"编辑"按钮,使所有参数处于可修改状态。"单据审核日期依据"选择"单据日期",如图2.8所示。

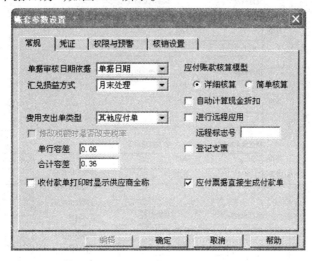

图2.8　应付款管理系统常规参数设置

④打开"凭证"选项,"受控科目制单方式"选择"明细到单据",如图2.9所示。

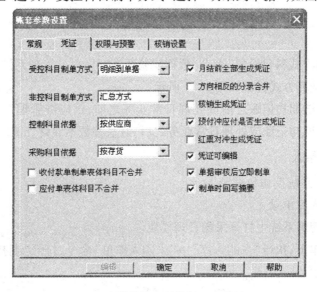

图2.9　应付款管理系统凭证参数设置

⑤单击"确定"按钮,保存应付款管理系统参数设置。

⑥执行"设置"→"初始设置"命令,打开"初始设置"对话框。单击"设置科目"中的"基本科目设置",根据实验要求对应付款管理系统的基本科目进行设置,如图 2.10 所示。

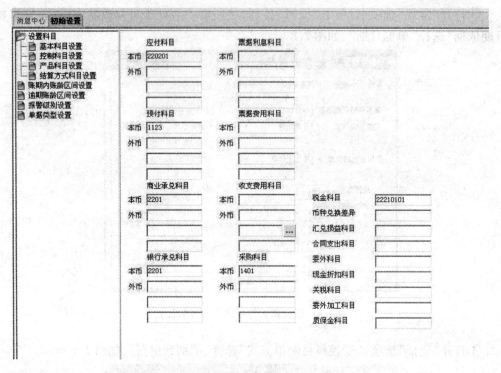

图 2.10 应付款管理系统基本科目设置

⑦执行"结算方式科目设置"命令,根据实验要求对应付款管理系统的结算方式科目进行设置。具体结算方式科目如图 2.11 所示。

提示:在供应链期初记账之前或处理日常业务之前,供应链管理系统的参数可以修改或重新设置;在期初记账或处理日常业务之后,有些参数不允许修改。

2. 期初数据录入

(1)采购管理系统期初数据录入。

①期初暂估入库单录入。

a. 在供应链管理系统中打开采购管理模块。

b. 在系统菜单下,执行"采购入库"→"采购入库单"命令,打开"期初采购入库单"窗口,如图 2.12 所示。

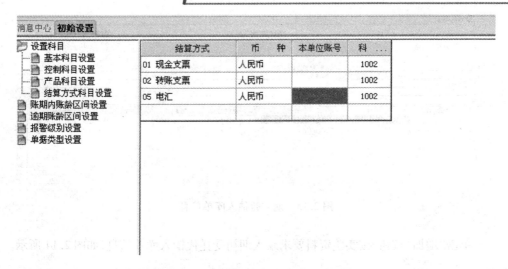

图 2.11 应付款管理系统结算科目设置

图 2.12 "期初暂估入库单"窗口

c. 单击"增加"按钮,按实验资料要求录入第一张期初采购入库单信息。具体信息如图 2.13 所示。

d. 单击"保存"按钮,保存期初采购入库单信息。

e. 单击"增加"按钮,录入第二张采购暂估入库单信息,单击"保存"按钮。

f. 如果需要修改期初暂估入库单的信息,则先打开需要修改的暂估单,单击"修改"按钮,修改完毕,再单击"保存"按钮即可。

g. 如果需要删除暂估单,则打开需要删除的暂估单,单击"删除"按钮即可。

②期初受托代销入库单录入。

a. 执行"采购入库"→"受托代销入库单"命令,打开"期初采购入库单"窗口。

图 2.13 期初暂估入库单信息

b. 单击"增加"按钮,按实验资料要求录入期初受托代销入库单信息,如图 2.14 所示。

图 2.14 期初受托代销入库单

c. 单击"保存"按钮。

d. 单击"增加"按钮,录入新的受托代销入库单信息,并单击"保存"按钮。

e. 单击"退出"按钮。期初受托代销入库单全部录入之后,单击"退出"按钮,退出期初入库单录入界面。

f. 如果需要修改期初受托代销入库单的信息,则先打开需要修改的单据,单击"修改"按钮,修改完毕,再单击"保存"按钮即可。

g. 如果需要删除受托代销入库单,则打开需要删除的单据,单击"删除"按钮即可。

提示:

(i)在采购期初管理系统期初记账前,采购管理系统的"采购入库"只能录入期初入库单。期初记账后,采购入库单需要在库存管理系统中录入或生成。

(ii)采购管理系统期初记账前,期初入库单可以修改或删除,期初记账后,不允许修改或删除。

(2)库存管理系统期初数据录入。

①库存管理系统直接录入。

a. 在库存管理系统中,执行"初始设置"→"期初结存"命令,打开"库存期初"窗口。

b. 在"库存期初"窗口中将仓库选中为"永昌服装仓"。

c. 单击"修改"按钮,再单击存货编码栏中的参照按钮,选择"永昌女衣",在"单价"栏中输入"200"。

d. 用此方法继续输入"永昌服装仓"其他期初结存数据。单击"保存"按钮,保存录入存货信息,如图2.15所示。

图2.15 库存期初余额录入

e. 在"库存期初"窗口中将仓库选中为"大地服装仓"。单击"修改"按钮,以此输入"大地服装仓"的期初结存数据并保存,如图2.16所示。

图2.16 大地服装仓期初结存

f. 在"库存期初"窗口中将仓库选择为"手表仓"。单击"修改"按钮,依次输入"手表仓"的期初结存数据并保存,如图2.17所示。

g. 单击"审核"或"批审"按钮,确认该仓库录入的存货信息。

提示:

(i)库存期初结存数据必须按照仓库录入。

(ii)审核后的库存期初数据不能修改或删除,但可以弃审后进行修改或删除。

消息中心 库存期初数据录入

库存期初

仓库 (03)手表仓

表体排序

	仓库	仓库编码	存货编码	存货名称	规格型号	主计量单位	数量	单价
1	手表仓	03	009	奥尔马女表		只	50.00	800.00
2	手表仓	03	010	奥尔马男表		只	60.00	850.00
3	手表仓	03	012	钻石女表		只	100.00	120.00
4	手表仓	03	013	钻石男表		只	200.00	140.00
5								
6								
7								
8								
9								

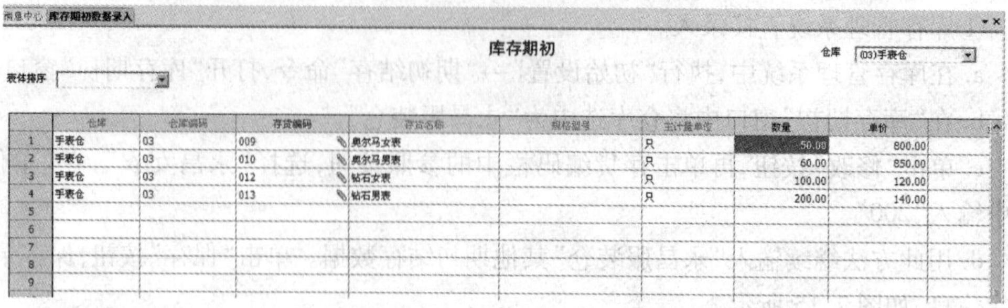

图 2.17　手表仓期初结存

②从存货核算取数。

当库存管理系统与存货核算系统集成使用时,库存管理系统可以从存货核算系统中读取存货核算系统与库存管理系统启用月份相同的会计期间的期初数。如果两个系统启用月份相同,则直接取存货的期初数;如果两个系统启用月份不同,即存货先启,库存后启,则期初数据需要将存货的期初数据和存货在库存管理系统启用之前的发生数进行汇总,求出结存,才能作为存货的期初数据被库存管理系统读取。

(3)存货核算系统期初数据录入。

①存货期初数据录入与审核。

a. 在用友 ERP－U8 存货核算系统中,执行"初始设置"→"期初数据－期初余额"命令,打开"期初余额"窗口。

b. 仓库选中"永昌服装仓"。

c. 单击"取数"按钮,系统自动从库存管理系统取出该仓库的全部存货信息,如图 2.18所示。

期初余额

输出 增加 删除 选择 取数 汇总 对账 定位 格式 记账 升序 降序

期初余额

仓库 01 永昌服装仓 计价方式:先进先出法 存货分类

存货编码	存货名称	规格型号	计量单位	数量	单价	金额	售价	售价金额	存货科...	存货科目
001	永昌女衣		件或条	100.00	200.00	20000.00				
004	永昌男衣		件或条	200.00	300.00	60000.00				
002	永昌女裤		件或条	100.00	160.00	16000.00				
005	永昌男裤		件或条	200.00	200.00	40000.00				
003	永昌女套装		套	50.00	350.00	17500.00				
006	永昌男套装		套	30.00	800.00	24000.00				
合计:				680.00		177,500.00				

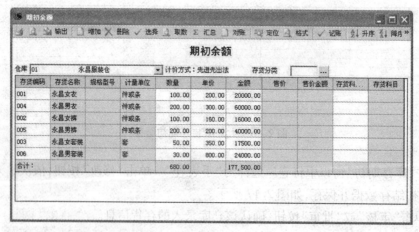

图 2.18　存货核算系统期初取数

e. 可以将供应商等信息补充完整。

f. 用此方法继续对大地服装仓和手表仓进行取数操作。

g. 单击“对账”按钮，选中所用仓库，系统自动对存货核算与库存管理系统的存货数据进行核对，如图 2.19 所示。如果对账成功，则单击“确定”按钮。

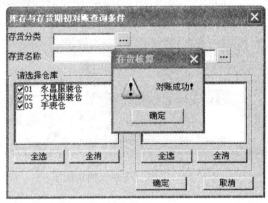

图 2.19　存货核算系统与库存管理系统期初对账

e. 单击“退出”按钮。

②存货期初差异录入。

a. 在存货核算系统中，执行“初始设置”→“期初数据”→“期初差异”命令，打开“期初差价”窗口。

b. 仓库选中“手表仓”。

c. 录入钻石女表的“差价”为“1 200”，录入钻石男表的“差价”为“1 400”，差价科目为“1407 商品进销差价”，如图 2.20 所示。

存货编码	存货名称	数量	金额	差价	差价科目
01	商品	410.00	219,000.00	60,600.00	
01002	手表	410.00	219,000.00	60,600.00	
013	钻石男表	200.00	48,000.00	1,400.00	商品进销差价
012	钻石女表	100.00	22,000.00	1,200.00	商品进销差价
010	奥尔马男表	60.00	84,000.00	33,000.00	
009	奥尔马女表	50.00	65,000.00	25,000.00	
合计：		410.00	219,000.00	60,600.00	

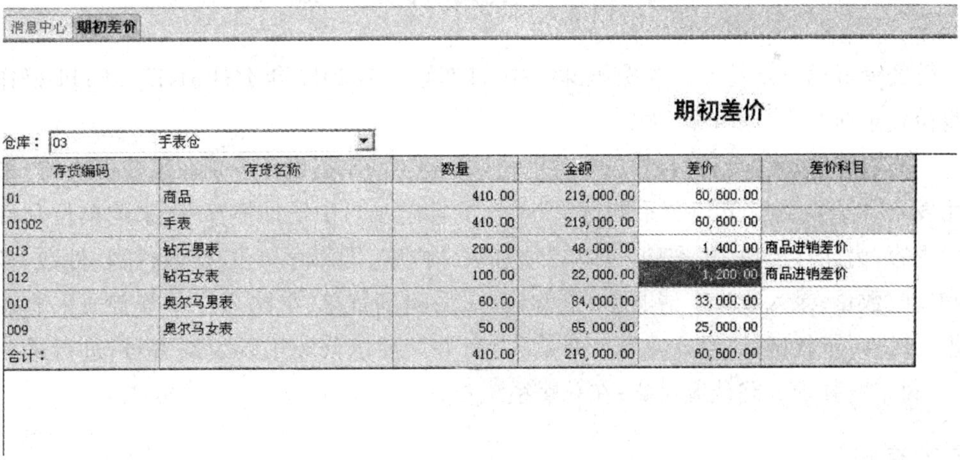

图 2.20　录入存货期初差价

d. 单击"保存"按钮,系统弹出"保存完毕"信息提示框。单击"确定"按钮。

3. 期初记账

(1)采购管理系统期初记账。

①执行"采购管理"→"设置"→"采购期初记账"命令,打开"期初记账"对话框,如图2.21所示。

图2.21　采购管理系统期初记账

②单击"记账"按钮,弹出"期初记账完毕"信息提示框。

③单击"确定"按钮,完成采购管理系统期初记账。

(2)存货核算系统期初记账。

①执行"存货核算系统"→"初始设置"→"期初数据"→"期初余额"命令,打开"期初余额"窗口。

②单击"记账"按钮,系统弹出"期初记账成功"信息提示框。单击"确定"按钮,完成期初记账工作。

任务二　采购赊购业务处理

已经完成第二章任务一的操作,将系统日期修改为2014年1月31日,以111操作员的身份登录666账套。

主要内容:设置"允许修改采购专用发票的编号";单据设计分别在采购模块的"采购专用发票""采购到货单"和"采购订单"单据的标题项目中增加换算率、采购单位和件数三项内容;为库存模块中"采购入库单"增加表体内容,即库存单位、应收件数、件数、换算率和应收数量;录入或生产请购单、采购订单、采购到货单、采购入库单等普通采购业务单据,并进行审核确认;录入或生产采购发票,并按要求修改采购发票编号;进行采购结算;支付采购款项或确认应付款;在总账系统查看有关凭证。

【实验资料】

中良贸易公司日常业务如下(采购部,业务员:徐敏利):

(1)2014年1月8日,向上海永昌服装厂提出采购请求,请求采购永昌男衣50包(10 000件),报价280元/件(56 000/包);男裤50包(10 000条),报价180元/条(36 000元/包);男套装200套,报价760元/套。

(2)2014年1月8日,上海永昌服装厂同意采购请求,但要求修改采购价格。经协商,本公司同意对方提出的订购价格:永昌男衣单价300元(60 000元/包),男裤单价200元(40 000元/包),男套装单价800元。并正式签订订货合同,要求本月10日到货。

(3)2014年1月10日,收到上海永昌服装厂发来的男士服装和专用发票,发票号码为ZY00098。该批服装系本月初采购。发票载明永昌男衣50包,单价300元;男裤50包,单价200元;男套装200套,单价800元。经检验质量全部合格,办理入库(永昌服装仓)手续。财务部门确认该笔存货成本和应付款项,尚未付款。

(4)2014年1月14日,向上海钻石手表厂订购女表2 000只,单价120元。要求本月20日到货。

(5)2014年1月18日,向上海钻石手表厂订购男表1 000只,单价140元。要求本月25日到货。

(6)2014年1月25日,向北京大地服装厂订购大地男风衣1 000件,单价150元;订购大地女风衣500件,单价120元,要求本月30日到货。

(7)2014年1月30日,收到北京大地服装厂的专用发票,发票号码为ZY00168。发票载明大地男风衣1 000件,单价150元;女风衣500件,单价120元,增值税率为17%。全部验收入库,尚未支付款项。

【实验指导】

1. 设置采购专用发票"允许手工修改发票编号"

(1)在"基础设置"选项卡中,执行"单据设置"→"单据编号设置"命令,打开"单据编号设置"对话框。

(2)选择"单据类型"→"采购管理"→"采购专用发票"选项,单击"修改"按钮,选中"手工改动,重号时自动重取"复选框,如图2.22所示。

(3)单击"保存"按钮,再单击"退出"按钮。

(4)如果需要修改其他单据编号的设置,可以重新选中需要修改的单据类型,选中"手工改动,重号时自动重取"复选框,并保存修改设置。

2. 单据设计

(1)在"基础设置"选项中,执行"单据设置"→"单据格式设置"命令,打开"单据格式设置"窗口。

(2)在"单据格式设计"窗口,执行"U8单据目录分类"→"采购管理"→"专用发票"→"显示"→"专用发票显示模板"命令,在窗口右侧打开"专用发票"。

(3)单击"单据格式设计"窗口,执行"编辑"→"表体项目"命令(或单击鼠标右键,选中快捷菜单中的"表体项目"),打开"表体"对话框。

(4)选中"换算率""采购单位"和"件数"复选框,如图2.23所示。

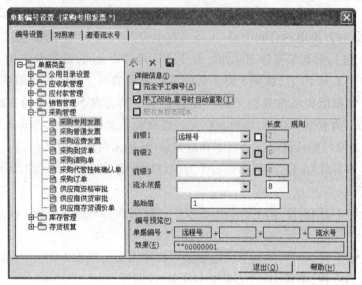

图2.22 "单据编号设置"对话框

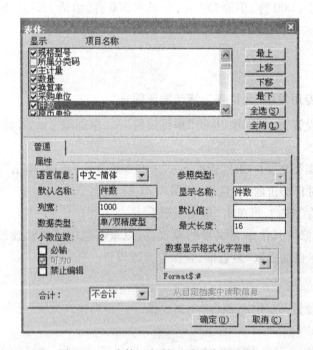

图2.23 "表体"对话框(采购专用发票)

(5)单击"确定"按钮,再单击"保存"按钮。

(6)用此方法继续设计采购模块中的采购到货单和采购订单中的表体项目"换算率""采购单位"和"件数",分别确定后保存。

(7)按照上述方法,在库存管理模块中设置"采购入库单"。在采购入库单显示模板的表体项目中增加"库存单位""应收件数""件数""换算率"和"应收数量",如图2.24所示。

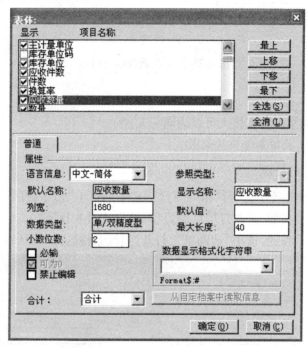

图 2.24 "表体"对话框(采购入库单)

3. 第一笔业务的处理

本笔业务只需录入请购单。

(1)在"业务工作"选项中,执行"供应链"→"采购管理"命令,打开采购管理系统。

(2)执行"请购"→"请购单"命令,打开"采购请购单"窗口。

(3)单击"增加"按钮,选择采购类型为"普通采购",修改采购日期为"2014 年 1 月 8 日",部门为"采购部",采购类型为"厂商采购","存货"名称选择"永昌男衣",在"数量"栏中输入"50",在"无税单价"栏中输入"56 000"。继续输入永昌男裤和永昌男套装的信息,如图2.25 所示。

(4)单击"保存"按钮。

(5)单击"审核"按钮,直接审核该请购单。

图 2.25 "采购请购单"窗口

提示：

(i)请购单的制单人与审核人可以为同一人。

(ii)审核后的请购单不能直接修改。

4．第二笔业务的处理

(1)在采购管理系统中,执行"采购订货"→"采购订单"命令,打开"采购订单"窗口。

(2)单击"增加"按钮,修改订单日期为"2014 年 1 月 8 日"。

(3)单击"生单"按钮,选中"请购单",打开"过滤条件选择"对话框,如图 2.26 所示。

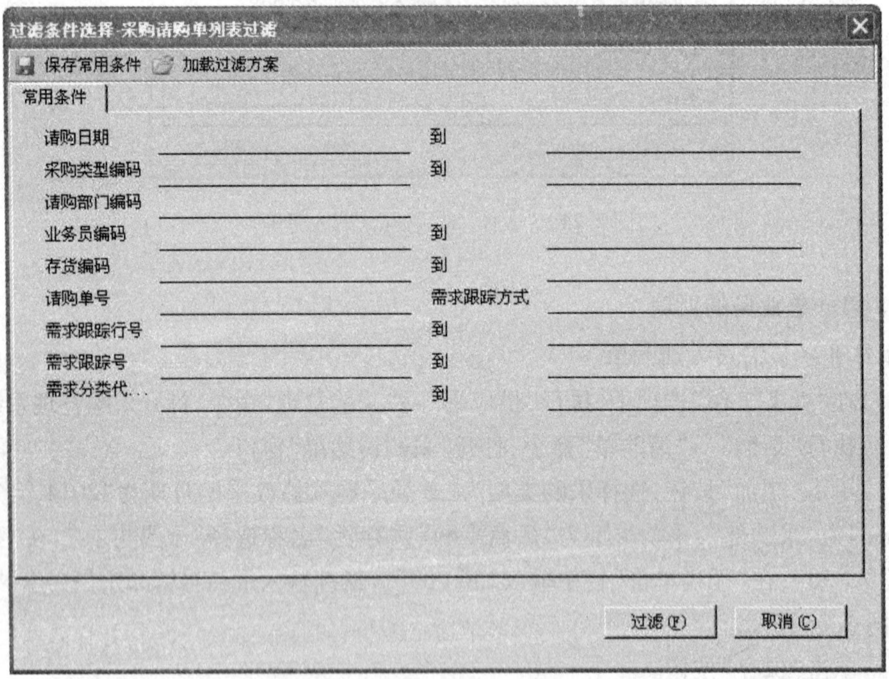

图 2.26 "过滤条件选择"对话框

(4)单击"过滤"按钮,打开"拷贝并执行"窗口,如图2.27所示。

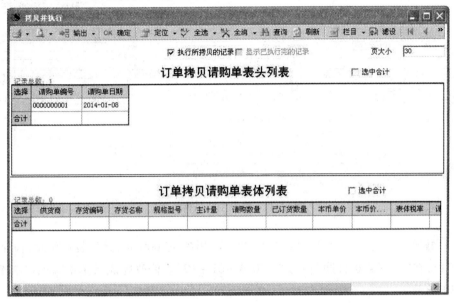

图2.27 "拷贝并执行"窗口(1)

(5)双击鼠标左键选中需要拷贝的请购单,即打上"Y"选中标志,如图2.28所示。

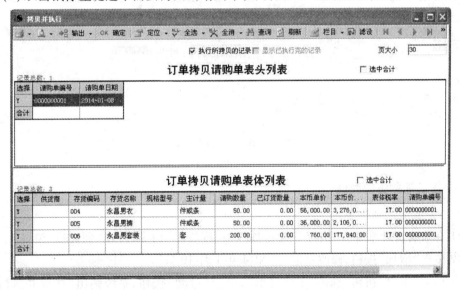

图2.28 "拷贝并执行"窗口(2)

(6)单击"确定"按钮,选中的"请购单"资料自动传递到采购订单中,如图2.29所示。

图 2.29 拷贝生成采购订单

（7）修改不含税单价信息。男衣 60 000 元，男裤 40 000 元，男套装 800 元，补充录入供货单位，在"计划到货日期"栏选择"2014-01-10"。修改完成后单击"保存"按钮，如图 2.30 所示。

图 2.30 修改、审核采购订单

5．第三笔业务的处理

（1）生成采购到货单。

①在采购管理系统中，执行"采购到货"→"到货单"命令，打开"到货单"窗口。

②单击"增加"按钮，修改日期为"2014 年 1 月 10 日"。

③单击"生单"按钮，选择"采购订单"，单击"过滤"按钮，系统弹出"拷贝并执行"窗口。

④在"拷贝并执行"窗口选中所选的采购订单，单击"确定"按钮，系统自动生成到货单。

⑤单击"保存"按钮。根据采购订单生成的采购到货单，如图 2.31 所示。

图 2.31 采购到货单

⑥单击"退出"按钮。

(2)生成采购入库单。

①在企业应用平台上,启动"库存管理系统"。

②在库存管理系统中,执行"入库业务"→"采购入库单"命令,打开"采购入库单"窗口。

③单击"生单"按钮,选中"采购到货单(批量)",单击"过滤"按钮,弹出"到货单生单列表"窗口,如图 2.32 所示。

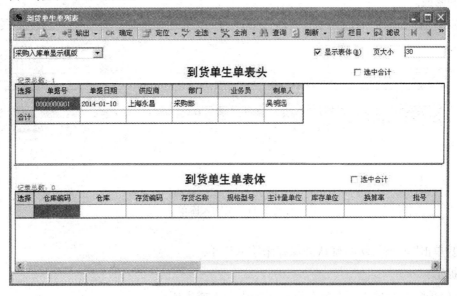

图 2.32 "到货单生单列表"窗口

④双击"选择"按钮,"选择"栏出现"Y"标志,如图 2.33 所示。

⑤在表体中的空白位置参照输入相关信息,单击"仓库"栏参照按钮,选择"永昌服装仓"。

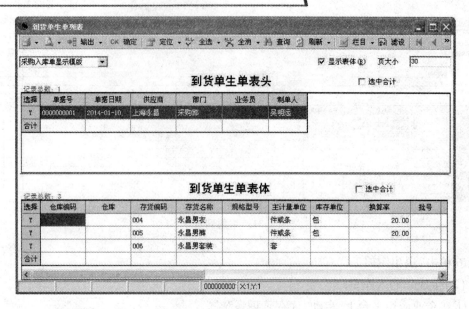

图 2.33 "到货单生单列表"窗口

⑥单击"确定"按钮,系统显示"生单成功"。

⑦系统显示生成的采购入库单,如图 2.34 所示。可以对生成的采购入库单进行有限制的修改。

图 2.34 采购入库单

⑧单击"审核"按钮,确认并保存采购入库单。

提示:

(i)采购入库单必须在库存管理系统中录入或生成。

(ii)在库存管理系统中录入或生成的采购入库单,可以在采购管理系统中查看,但不能修改或删除。

(3)填制采购发票。

①在采购管理系统中,执行"采购发票"→"专用采购发票"命令,打开"专用发票"窗口。

②单击"增加"按钮,输入表头部分的信息。默认业务类型为"普通采购",修改发票日期为"2014年1月10日",并修改发票号为"ZY00098"。

③单击"生单"按钮,选择"入库单"(也可以选择"采购订单"),如图2.35所示。

图 2.35　拷贝采购入库单

④执行"入库单"命令,打开"过滤条件选择"对话框,如图2.36所示。

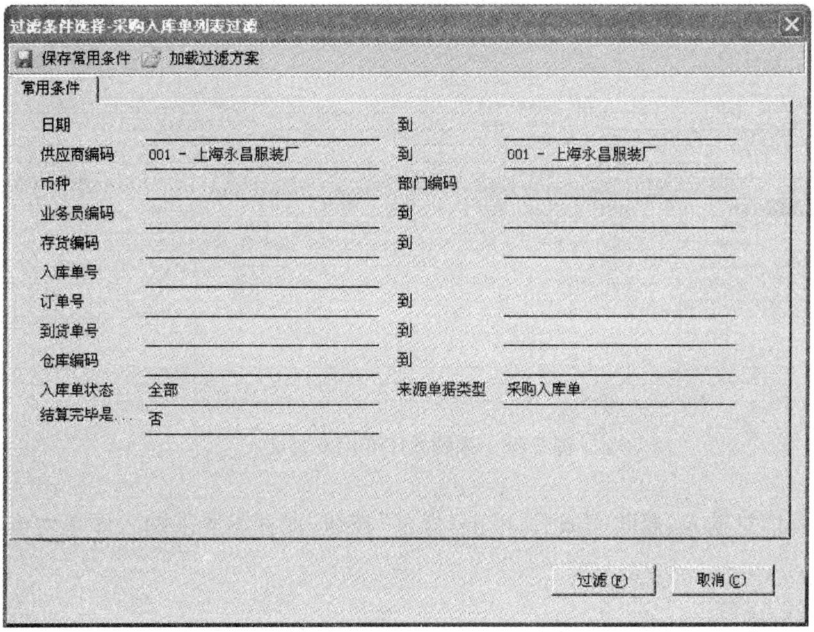

图 2.36　采购入库单列表过滤

⑤单击"过滤"按钮,系统显示"拷贝并执行"窗口。双击所要选择的采购入库单,选择栏显示"Y"标志,如图2.37所示。

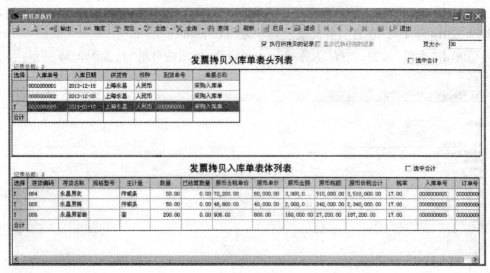

图2.37 采购入库单列表

⑥单击"确定"按钮,系统将采购入库单自动传递过来,生成采购专用发票,如图2.38所示。

图2.38 采购入库专用发票录入

⑦所有信息输入、修改完成后,单击"保存"按钮,保存参照采购入库单生成的采购专用发票。

(4)采购结算。

采购结算即采购报账,是指采购人员根据采购入库单和采购发票来核算采购入库成本。

①在采购管理系统中,执行"采购结算"→"自动结算"命令,系统弹出"采购自动结算"对话框,如图2.39所示。

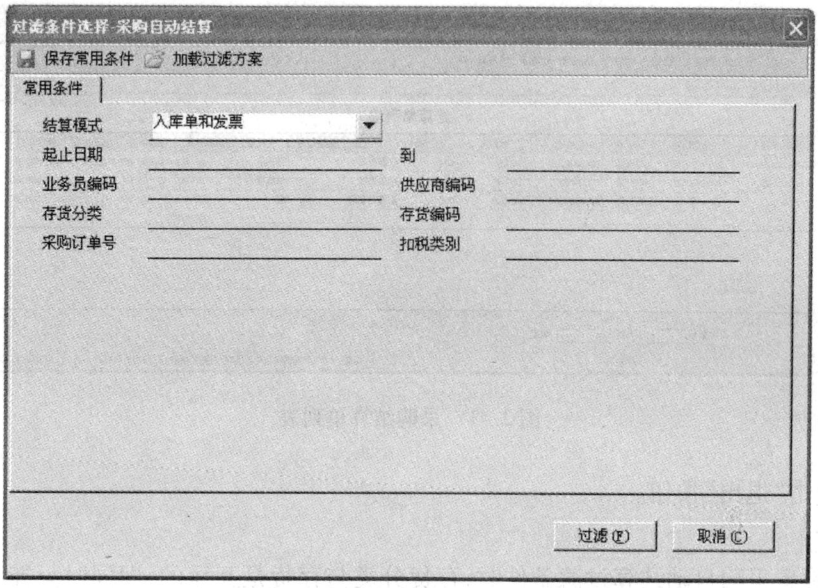

图2.39 "采购自动结算"对话框

②根据输入结算过滤条件和结算模式,如单据的起止日期,选择单据和发票结算模式,单击"过滤"按钮,系统自动进行结算。如果存在完全匹配的记录,则系统弹出信息提示对话框,如图2.40所示。如果不存在完全匹配的记录,则系统弹出"状态:没有符合条件的红蓝入库单和发票"信息提示框。

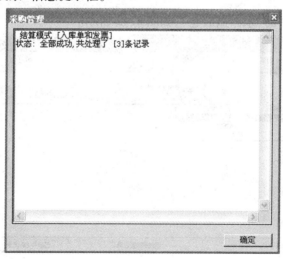

图2.40 成功结算信息

③执行"结算单列表"命令,双击需要查询的结算表,可以打开结算表,查询、打印本次自动结算结果,如图 2.41 所示。

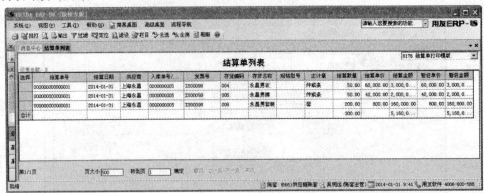

图 2.41　采购结算单列表

④单击"退出"按钮。

提示:

(ⅰ)设置采购自动结算过滤条件时,存货分类与存货是互斥的,即同时只能选择一个条件进行过滤。

(ⅱ)结算模式为复选,可以同时选择一种或多种结算模式。

(ⅲ)执行采购结算后的单据不能进行修改或删除操作。

(5)采购成本核算。

①在存货核算系统中,执行"业务核算"→"正常单据记账"命令,打开"正常单据记账条件"窗口。

②选择"仓库"中的"永昌服装仓",如图 2.42 所示。

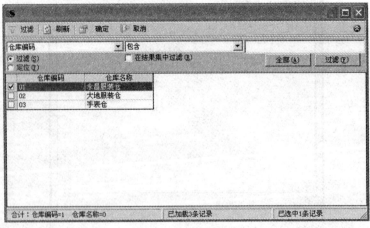

图 2.42　"正常单据记账条件"窗口

③单击"过滤"按钮,打开"正常单据记账列表"窗口。
④单击"全选"按钮,如图2.43所示。

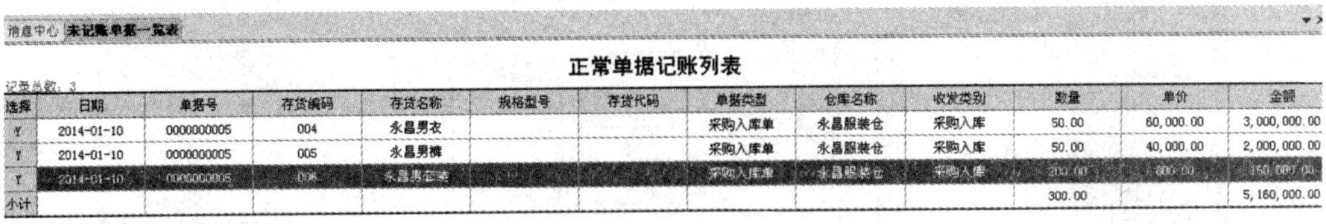

图2.43 "正常单据记账列表"窗口

⑤单击"记账"按钮,显示"记账成功",将采购入库单记账。
⑥单击"退出"按钮。
⑦执行"财务核算"→"生成凭证"命令,打开"生成凭证"窗口,如图2.44所示。

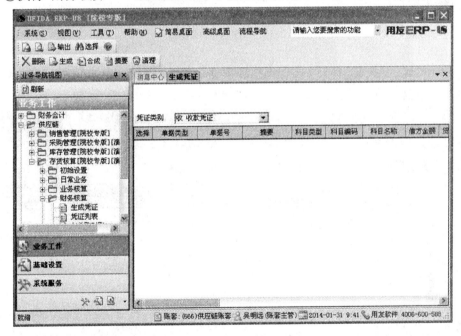

图2.44 "生成凭证"窗口

⑧单击"选择"按钮,打开"查询条件"对话框。
⑨选中"(01)采购入库单(报销记账)"复选框,如图2.45所示。

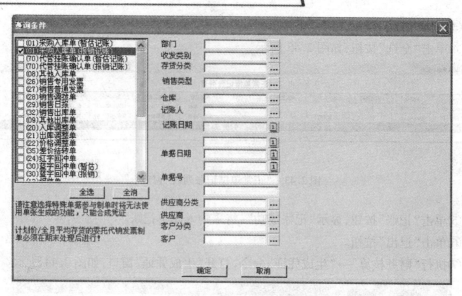

图 2.45 "查询条件"窗口

⑩单击"确定"按钮,打开"未生成凭证单据一览表"窗口。单击"选择"栏,或单击"全选"按钮,选中待生成凭证的单据,如图 2.46 所示。单击"确定"按钮。

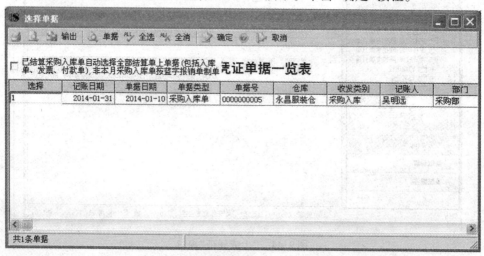

图 2.46 "未生成凭证单据一览表"窗口

⑪选择"转账凭证",分别录入或选择"存货"科目编码为"1405","对方"科目编码为"1401",如图 2.47 所示。

第二章　采购管理

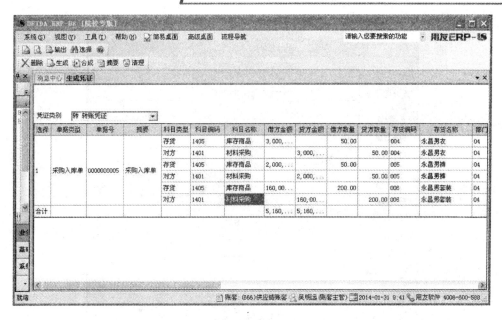

图 2.47　录入存货和对方科目

⑫单击"生成"按钮，生成一张转账凭证。修改凭证日期为"2014 年 1 月 31 日"。
⑬单击"保存"按钮，如图 2.48 所示。

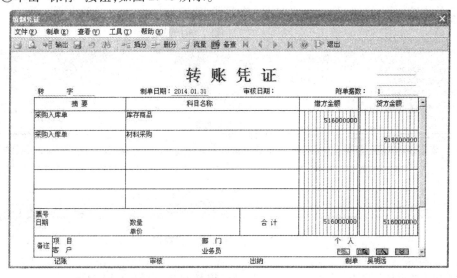

图 2.48　存货入库的转账凭证

⑭单击"退出"按钮。
(6)财务部门确认应付账款。
①进入应付款管理系统，执行"应付单据处理"→"应付单据审核"命令，打开"应付

单过滤条件"对话框。输入相关查询条件,如图2.49所示。

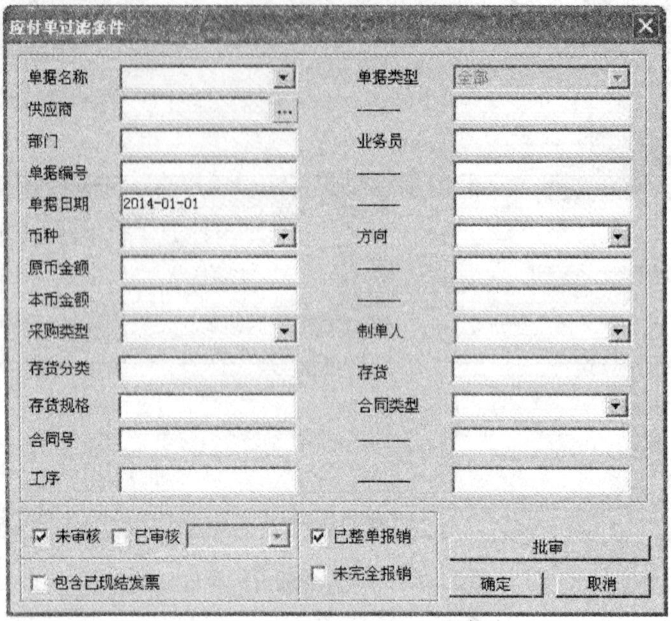

图2.49 "应付单过滤条件"对话框

②单击"确定"按钮,系统弹出"应付单据列表"窗口。

③单击"选择"栏,或单击"全选"按钮,如图2.50所示。

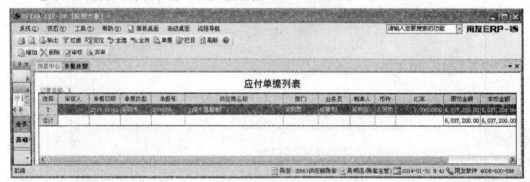

图2.50 "应付单据列表"窗口

④单击"审核"按钮,系统完成审核并给出审核报告,如图2.51所示。

第二章 采购管理

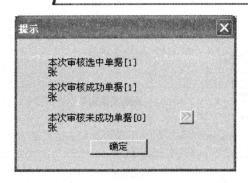

图 2.51 应付单据审核

⑤单击"确定"按钮后退出。

⑥执行"制单处理"命令,打开"制单查询"对话框,如图 2.52 所示,选择"发票制单"复选框。

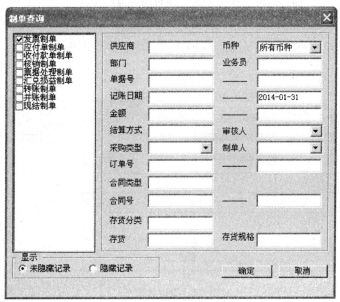

图 2.52 "制单查询"对话框

⑦单击"确定"按钮,打开"采购发票制单"窗口。

⑧选择"转账凭证",修改制单日期为"2014 年 1 月 31 日",再单击"全选"按钮,选中要制单的"采购入库单",如图 2.53 所示。

65

图2.53 "采购发票制单"窗口

⑨单击"制单"按钮,生成一张转账凭证,如图2.54所示。

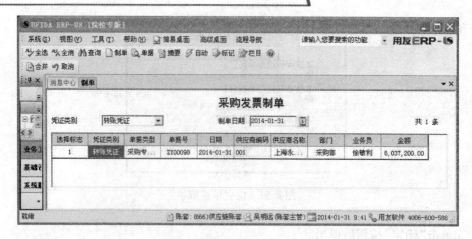

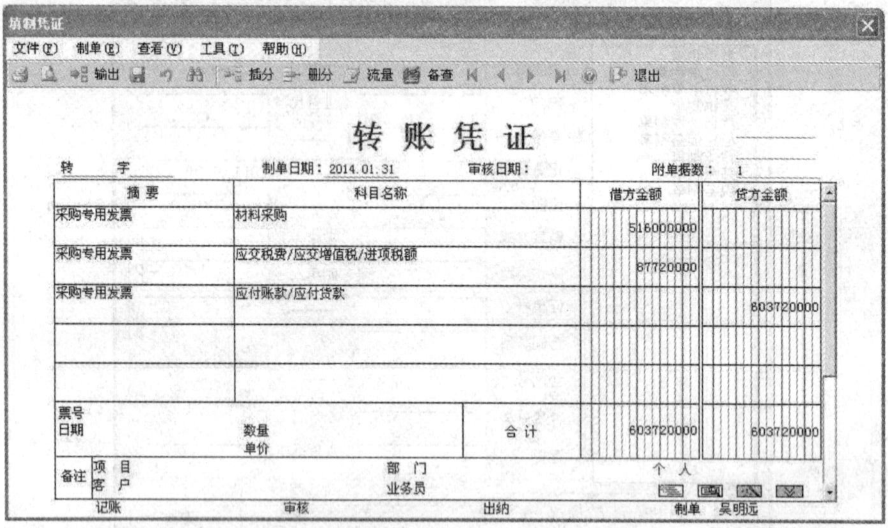

图2.54 生成转账凭证

⑩打开总账系统,执行"凭证"→"查询凭证"命令。选择"未记账凭证",打开所选凭证,可以查询在应付款管理系统中生成并传递至总账的记账凭证。

6. 第四笔业务的处理

在采购管理系统中,填制并审核一张"采购订单",订单日期为"2014年1月14日",计划到货日期为"2014年1月20日"。

7. 第五笔业务的处理

填制一张"采购订单",订单日期为"2014年1月18日",计划到货日期为"2014年1

月25日"。

8. 第六笔业务的处理

填制一张"采购订单",订单日期为"2014年1月25日",计划到货日期为"2014年1月30日"。

9. 第七笔业务的处理

该笔业务需要录入采购到货单、采购入库单和采购专用发票,也可以只录入采购入库单和采购专用发票,并进行采购结算。

(1)生成采购到货单。

①在采购管理系统中,执行"采购到货"→"到货单"命令,打开"到货单"窗口。

②单击"增加"按钮,修改日期为"2014年1月30日",选择采购类型为"厂商采购",部门为"采购部"。

③单击"生单"按钮,选择"采购订单",弹出"过滤条件选择"对话框。单击"过滤"按钮,打开"拷贝并执行"窗口。

④在"拷贝并执行"窗口中,选中要生成到货单的第四号订单中的"大地男风衣"和"大地女风衣"的选择栏,再单击"确定"按钮,生成一张采购到货单。

⑤单击"保存"按钮,如图2.55所示。

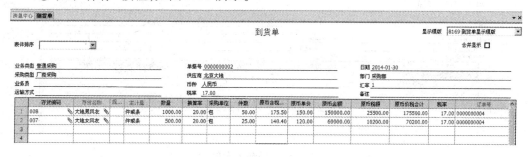

图2.55 采购到货单

(2)采购入库单。

①在库存管理系统中,执行"入库业务"→"采购入库单"命令,打开"采购入库单"窗口。

②单击"生单"按钮,选择"采购到货单"。

③选择"采购到货单"时,系统自动弹出"过滤条件选择"对话框。

④单击"过滤"按钮,出现待选择的"采购到货单"。单击"选择"栏,或点击"全选"按钮,"选择"栏出现"Y"标志表示已选中。窗口下部显示所选择单据的表体记录。

⑤在表体中的空白位置参照输入相关信息,如图2.56所示。

⑥单击"确定"按钮,系统弹出"生单成功!"。

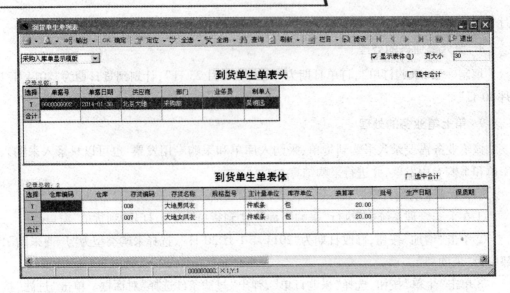

图2.56 生单单据选择

⑦系统显示生成的采购入库单,如图2.57所示。

图2.57 采购入库单

⑧单击"审核"按钮,确认并保存采购入库单。

(3)填制采购发票。

①在采购管理系统中,执行"采购发票"→"专用采购发票"命令,打开"专用发票"窗口。

②单击"增加"按钮。默认业务类型为"普通采购",修改发票号为"ZY00168"。

③单击"生单"按钮,选择"入库单"。

④系统自动弹出"过滤条件选择"对话框,单击"过滤"按钮,系统显示"拷贝并执行"窗口。

⑤分别单击第六号入库单前的"选择"栏(共两行),再单击"确定"按钮,系统将采购

入库单自动传递过来,生成采购专用发票,如图2.58所示。

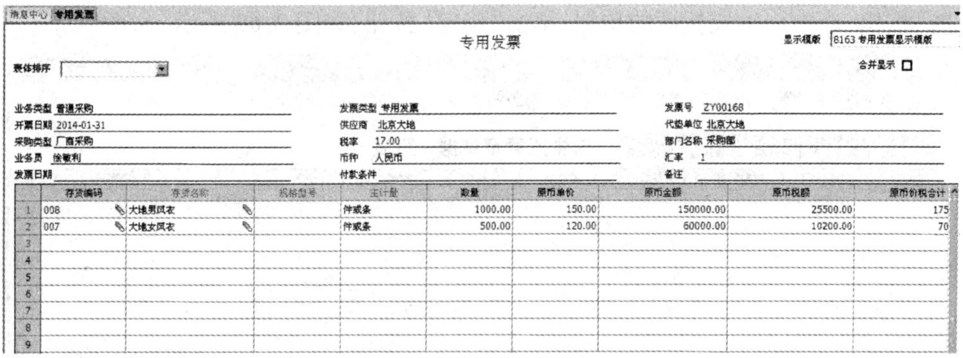

图2.58 采购专用发票录入

⑥单击"保存"按钮,保存采购专用发票。
(4)采购结算。
①在采购管理系统中,执行"采购结算"→"自动结算"命令,系统自动弹出"自动结算"窗口。
②单击"确定"按钮,系统自动进行结算。
(5)采购成本核算。
①在存货核算系统中,执行"业务核算"→"正常单据记账"命令,打开"正常单据记账条件"对话框。
②选择"大地服装仓"。
③单击"过滤"按钮,打开"正常单据记账列表"窗口。
④单击"全选"按钮,如图2.59所示。

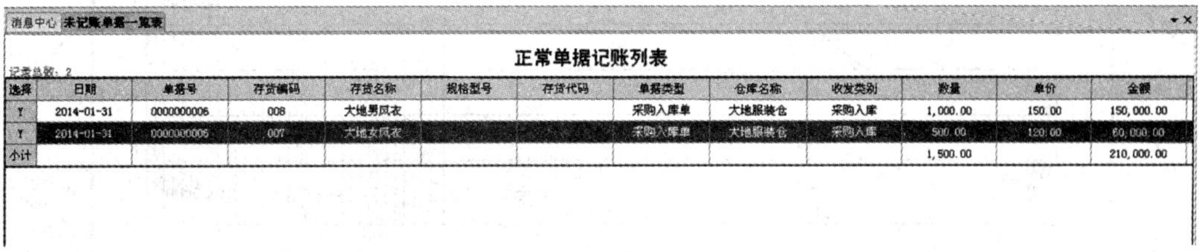

图2.59 正常单据记账窗口

⑤单击"记账"按钮,将采购入库单记账。
⑥单击"退出"按钮,退出"正常单据记账"窗口。
⑦执行"财务核算"→"生成凭证"命令,打开"生成凭证"窗口。
⑧单击"选择"按钮,打开"查询条件"对话框。
⑨选中"采购入库单(报销记账)"复选框。

⑩单击"确定"按钮,打开"未生成凭证单据一览表"窗口。单击"选择"栏,或单击"全选"按钮,选中待生成凭证的单据,单击"确定"按钮,如图 2.60 所示。

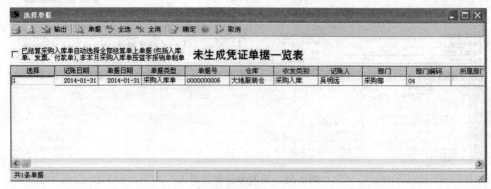

图 2.60 "未生成凭证单据一览表"窗口

⑪选择"转账凭证",分别录入或选择"存货"科目编码为"1405","对方"科目编码为"1401"。

⑫单击"生成"按钮,生成一张转账凭证,修改凭证日期为"2014 年 1 月 31 日"。

⑬单击"保存"按钮,如图 2.61 所示。

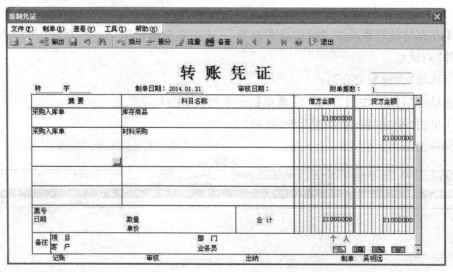

图 2.61 存货入账的凭证

⑭单击"退出"按钮退出。

(6)财务部门确认应付账款。

①在应付款管理系统中,执行"应付单据处理"→"应付单据审核"命令,打开"应付单过滤条件"对话框。

②单击"确定"按钮,系统显示"应付单据列表"。
③单击"选择"栏,或单击"全选"按钮。
④单击"审核"按钮,系统完成审核并给出审核报告。
⑤单击"确定"按钮后退出。
⑥执行"制单处理"命令,打开"制单查询"对话框,选择"发票制单"。
⑦单击"确定"按钮,打开"采购发票制单"窗口。
⑧选择"转账凭证",修改制单日期为"2014年1月31日",再单击"全选"按钮,选中要制单的采购入库单,如图2.62所示。

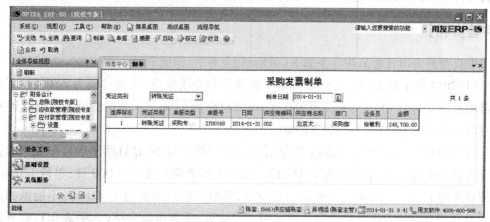

图2.62 要制单的"采购入库单"

⑨单击"制单"按钮,生成一张转账凭证,如图2.63所示。

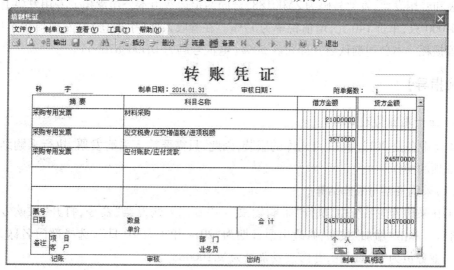

图2.63 转账凭证

任务三 采购现购业务处理

已经完成第二章任务二的操作,将系统日期修改为2014年1月31日,以111操作员的身份登录666账套。

主要内容:录入或生成采购到货单,采购入库单等普通采购业务单据,并进行审核确认;录入或生成采购发票,并按要求修改采购发票编号;进行采购结算;支付采购款项或确认应付账款,可以立即制单,也可以月末合并制单。

【实验资料】

中良贸易公司日常采购业务如下(采购部,业务员:徐敏利):

(1)2014年1月10日,收到上海永昌服装厂的专用发票,发票号码为ZY00088。发票载明永昌女套装100套,单价为380元,增值税率为17%。本公司验收入库后立即支付货款和税款(现金支票号码为XJ0001)。

(2)2014年1月19日,收到上海钻石手表厂根据1月14日订购手表订单发来的钻石女表和专用发票,发票号码为ZY00112。发票上写明钻石女表2 000件,单价120元,增值税率为17%。同时附有一张运杂费发票,发票载明运杂费为2 000元(不能抵扣进项税),订货合同约定运杂费由本公司承担。经检验,手表质量合格(入手表仓),财务部门确认采购成本和该笔应付款项。

(3)2014年1月23日,收到上海钻石表厂根据1月18日订购手表的订单,发来的钻石男表和专用发票,发票号码为ZY00188,合同约定运费由本公司承担。专用发票上写明男表1 000只,单价140元,增值税率为17%。在验收入库(手表仓)时发现损坏5只,属于合理损耗。本公司确认后立即付款50%(电汇号码为DH00887666)。

【实验指导】

1. **第一笔业务的处理**

本笔业务是2013年12月入库的服装,因此,只需要输入采购发票,执行采购结算并支付款项的操作。

(1)采购发票与采购结算。

①在采购管理系统中,执行"采购发票"→"专用采购发票"命令,打开"采购专用发票"窗口。单击"增加"按钮,修改出票日期为"2014年1月10日",选择部门名称为"采购部",业务员为"徐敏利",并修改发票号为"ZY00088"。

②期初已经输入该笔业务的入库单,直接拷贝采购入库单,生成采购专用发票。单击"生单"按钮,选择"入库单",系统自动打开"过滤条件选择"对话框,单击"过滤"按钮,

打开"拷贝并执行"窗口,选中第一张入库单的"选择"栏,如图 2.64 所示。

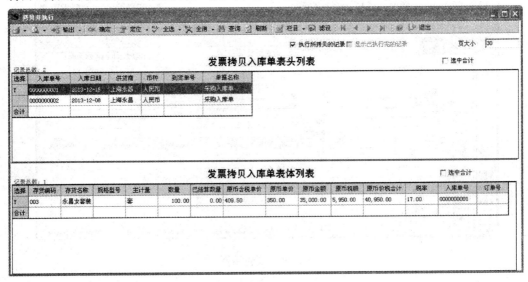

图 2.64 "拷贝并执行"窗口

③单击"确定"按钮,生成一张"采购专用发票",修改"原币单价"为 380 元。

④单击"保存"按钮,如图 2.65 所示。

图 2.65 拷贝生成采购专用发票

⑤单击"现付"按钮,打开"现付"窗口。选择结算方式为"现金支票",录入结算金额为"44 460",票据号为"XJ0001",银行账号为"110001016688"等信息。

⑥对完成已现付的发票,单击"结算"按钮,即可进行采购发票和采购入库单的自动结算工作,发票上显示"已现付"和"已结算",如图 2.66 所示。

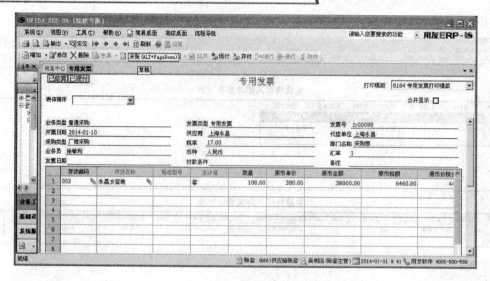

图 2.66　现付结算

提示:对上月末的暂估业务,执行采购结算后,还需要在存货核算系统进行暂估处理(具体步骤见存货核算),以便根据采购发票价格改写账簿资料,确认采购成本。

(2)暂估处理。

①在存货核算系统中,执行"业务核算"→"结算成本处理"命令,打开"暂估处理查询"对话框。

②选中"永昌服装仓"前的复选框,如图 2.67 所示。

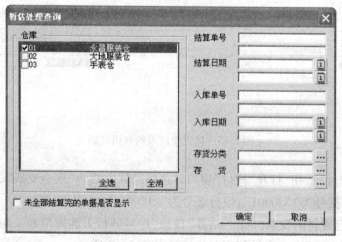

图 2.67　"暂估处理查询"对话框

③单击"确定"按钮,打开"暂估结算表"窗口。

④单击"选择"栏,或单击"全选"按钮,选中要暂估结算的结算单,如图 2.68 所示。

第二章　采购管理

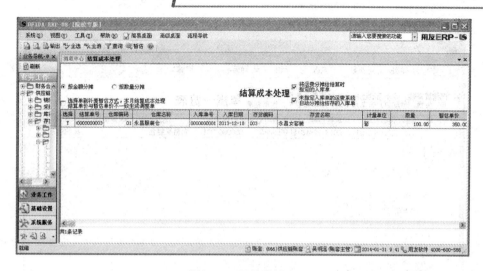

图 2.68　暂估结算表

⑤单击"暂估"按钮。

(3)生成"红字回冲单"凭证。

①在存货核算系统中,执行"财务核算"→"生成凭证"命令,打开"生成凭证"窗口。

②单击"选择"按钮,打开"查询条件"对话框。

③选中"(24)红字回冲单"复选框和要生成凭证的单据,如图 2.69 所示。

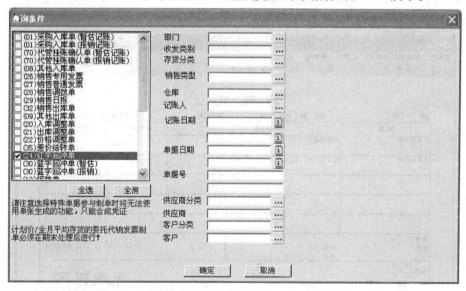

图 2.69　"查询条件"对话框

④单击"确定"按钮,打开"未生成凭证单据一览表"窗口。

⑤单击"选择"栏,如图2.70所示。

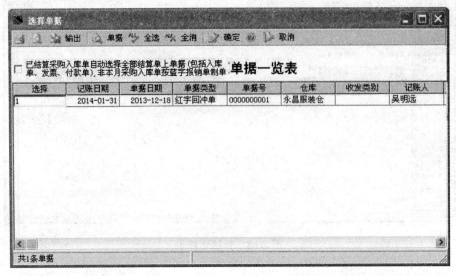

图2.70 "未生成凭证单据一览表"窗口

⑥单击"确定"按钮,打开"生成凭证"窗口。
⑦录入"存货"科目编码为"1405",对方科目编码为"220202",选择"转账凭证"。
⑧单击"生成"按钮,生成一张转账凭证。
⑨单击"保存"按钮,如图2.71所示。

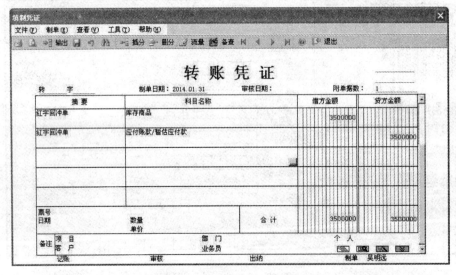

图2.71 冲销暂估入账的凭证

(4)生成"蓝色回冲单(报销)"凭证。

①执行"财务核算"→"生成凭证"命令,打开"生成凭证"窗口。

②单击"选择"按钮,打开"查询条件"对话框。

③选中"(30)蓝字回冲单(报销)"复选框,再单击"确定"按钮,打开"未生成凭证单据一览表"窗口。

④单击"选择"栏,再单击"确定"按钮,打开"生成凭证"窗口。

⑤修改凭证类别为"转账凭证",录入"存货"科目编码为"1405","对方"科目编码为"1401",单击"生成"按钮,生成一张转账凭证。

⑥单击"保存"按钮,如图2.72所示。

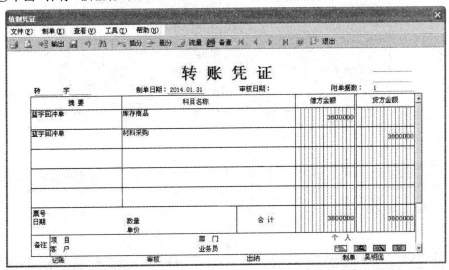

图2.72 存货入账的凭证

⑦单击"退出"按钮退出。

(5)现付单据审核与制单。

①在应付款管理系统中,执行"应付单据处理"→"应付单据审核"命令,打开"应付单过滤条件"对话框。选择"包含已现结发票"复选框,如图2.73所示。

②单击"确定"按钮,打开"应付单据列表"窗口。

③单击"选择"栏,选中已现付单据。单击"审核"按钮,完成对现付发票的审核,如图2.74所示。

④单击"确定"按钮,再单击"退出"按钮。

⑤执行"制单处理"命令,选择"现结制单"复选框,如图2.75所示。

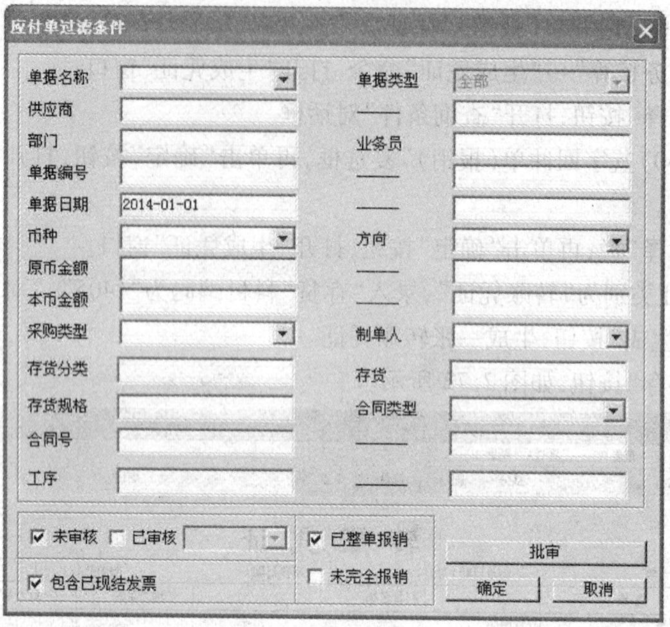

图 2.73 "应付单过滤条件"对话框

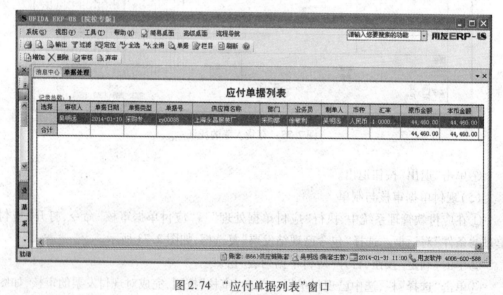

图 2.74 "应付单据列表"窗口

⑥单击"确定"按钮,打开"现结制单"窗口。

⑦单击"全选"按钮,选择凭证类别为"付款凭证"。单击"制单"按钮,生成一张付款凭证,自动传递到总账系统,如图 2.76 所示。在总账系统中可以查询、审核该付款凭证。

⑧单击"保存"按钮。

第二章 采购管理

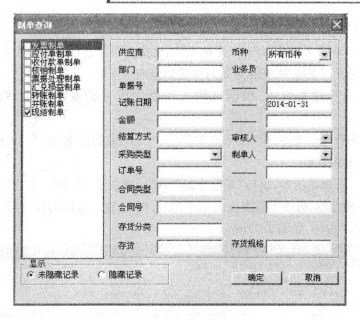

图 2.75 "制单查询"对话框

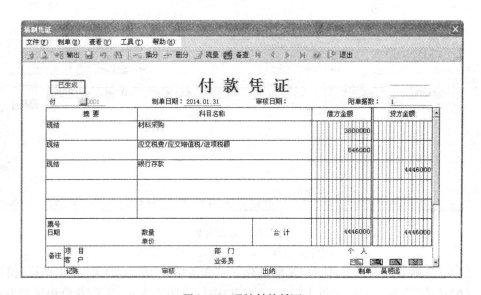

图 2.76 现结付款凭证

提示：
(i)采购结算后,现付发票和现付单据才能自动传递到应付款管理系统中。
(ii)付款单据也可以在应付款管理系统中手工录入、审核。
(iii)可以根据每张现付发票生成付款凭证,也可以月末合并生成付款凭证。

2. 第二笔业务的处理

本笔业务需要录入采购入库单、采购发票、运费发票并进行手工结算。

(1) 在库存管理系统中,根据采购订单生成采购入库单。

(2) 在采购管理系统中,根据采购入库单生成采购专用发票,修改发票号为"ZY00112"。

(3) 在采购管理系统中,执行"采购发票"→"专用采购发票"命令,根据采购入库单拷贝生成采购专用发票。

(4) 在采购管理系统中,执行"采购发票"→"运费发票"命令。单击"增加"按钮,手工输入一张运费发票,修改发票表头的税率为"0.00",输入表体内容,存货名称为"运输费",单击"保存"按钮,如图2.77所示。

图 2.77 运费发票

(5) 在采购管理系统中,执行"采购结算"→"手工结算"命令,打开"手工结算"窗口。

(6) 单击"选单"按钮,再单击"过滤"按钮,选择采购入库单、采购发票和运费发票,如图2.78所示。

第二章 采购管理

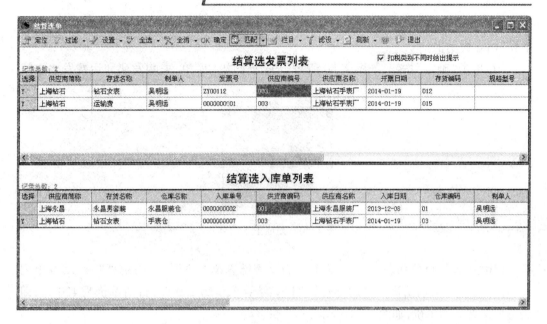

图 2.78 手工结算选单

(7)单击"确定"按钮,如图 2.79 所示。

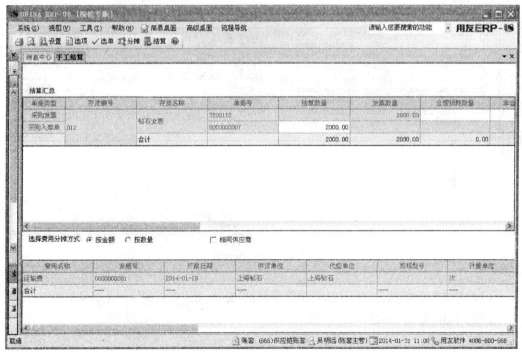

图 2.79 手工结算选票

（8）选择"按数量"单选按钮，单击"分摊"按钮，再单击"结算"按钮，系统弹出"完成结算"信息提示框。

（9）单击"确定"按钮，如图2.80所示。完成采购入库单、采购发票和运费发票之间的结算。

图2.80 完成手工结算

（10）查询结算单列表，可以查询到钻石女表结算单。执行"采购结算"→"结算单列表"命令，打开"采购结算单过滤条件"窗口。结算单价为120元，暂估单价为120元，即为分摊运费后的单价，如图2.81所示。

图2.81 结算单列表

（11）单击"过滤"按钮，打开"采购结算单列表"窗口，可以查看到第四张结算单的内容。
（12）单击"退出"按钮。
提示：
（i）采购运费发票只能手工录入，并将运输费视为一项"存货"。
（ii）采购订单、运费发票与采购发票之间只能通过手工结算完成采购结算。

（ⅲ）采购运费可以按金额分摊,也可以按数量进行分摊。

(1)确定存货成本。

①单据记账。

a.在存货核算系统中,执行"业务核算"→"正常单据记账"命令,打开"过滤条件选择"对话框。

b.单击"过滤"按钮,打开"正常单据记账列表"窗口。

c.单击"全选"按钮,再单击"记账"按钮。

d.单击"退出"按钮。

②生成凭证。

a.在存货核算系统中,执行"财务核算"→"生成凭证"命令,打开"生成凭证"窗口。

b.单击"选择"按钮,打开"查询条件"对话框。

c.选中"采购入库单(报销记账)"复选框。

d.单击"确定"按钮,打开"未生成凭证单据一览表"窗口。

e.单击"全选"按钮,再单击"确定"按钮。

f.修改凭证类别为"转账凭证",再录入"存货"科目为"1405","对方"科目为"1401",差价科目为"1407"。

g.单击"生成"按钮,生成一张转账凭证。

h.单击"保存"按钮。

(2)确定应付账款。

①审核应付单据。

a.在应付款管理系统中,执行"应付单据处理"→"应付单据审核"命令,打开"应付单过滤条件"对话框。

b.单击"确定"按钮,打开"应付单据列表"窗口。

c.单击"全选"按钮,再单击"审核"按钮。

②制单处理。

a.在应付款管理系统中,执行"制单处理"命令,打开"制单查询"对话框。

b.选择"发票制单",单击"确定"按钮,打开"采购发票制单"窗口。

c.单击"全选"按钮,修改凭证类别为"转账凭证"。再单击"制单"按钮,根据采购发票和运费发票分别生成两张转账凭证。

d.单击"保存"按钮。

3. 第三笔业务的处理

本笔业务需要生成采购入库单,安装采购订单生成采购发票,并执行手工采购结算。

(1)在库存管理系统中,执行"入库业务"→"采购入库单"命令,单击"生单"按钮,根据采购订单生单打开"订单生单列表"窗口。

(2)单击"选择",单击"确定"按钮,修改表体中"库存单位"为"只","件数"为"995",如图 2.82 所示。

图 2.82　修改入库单数量

(3)单击"保存"按钮,生成采购入库单后单击"审核"按钮。

(4)在采购管理系统中,执行"采购发票"→"专用采购发票"命令,根据采购订单生成采购发票。单击"保存"按钮,再单击"现付"按钮,支付 50% 的款项(163 800×50% = 81 900),另外 50% 形成应付款项。

(5)在采购管理系统中,执行"采购结算"→"手工结算"命令,打开结算窗口。

(6)单击"选单"按钮,再单击"过滤"按钮,选择采购发票和采购入库单,单击"确定"按钮。

(7)输入合理损耗数量为"5.00",如图 2.83 所示。

(8)单击"结算"按钮,按成结算。

(9)查询结算单列表,可以查询结算情况。

生成采购发票:

(1)确认采购成本。

在存货核算系统中,分别执行"正常单据记账"和"生成凭证"命令。

(2)应付单据审核。

①在应付款管理系统中,执行"应付单据处理"→"应付单据审核"命令,打开"应付单过滤条件"对话框。

②选择"包含已现结发票"复选框,如图 2.84 所示。

图 2.83　输入合理损耗数量

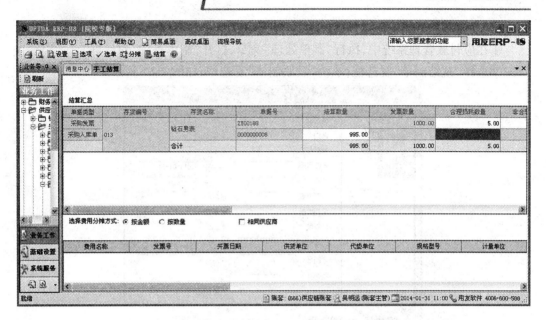

图 2.84　"应付单过滤条件"对话框

③单击"确定"按钮,打开"应付单据列表"窗口。

④单击"全选"按钮,再单击"审核"按钮。

(3)生成现结凭证。

①在应付款管理系统中,执行"制单处理"命令,打开"制单查询"对话框。

②选择"现结制单"复选框,取消"发票制单"复选框,如图2.85所示。

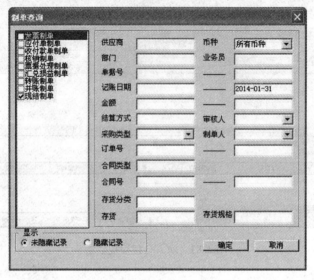

图2.85 "制单查询"对话框

③单击"确定"按钮,打开"现结制单"窗口。

④单击"全选"按钮,修改凭证类别为"付款凭证",再单击"制单"按钮,生成一张付款凭证。

⑤单击"保存"按钮,如图2.86所示。

图2.86 付款凭证

任务四　受托代销业务处理

已经完成第二章任务三的操作,将系统日期修改为 2014 年 1 月 31 日,以 111 操作员的身份登录 666 账套。

主要内容:在采购管理系统或库存管理系统中启用"受托代销业务";在采购管理系统或库存管理系统中选择"受托代销业务必有订单";录入受托代销订单、到货单和入库单;受托代销结算。

【实验资料】

(1)2014 年 1 月 8 日,代销(奥尔马表厂)奥尔马女表 20 只,奥尔马男表 30 只,结算并收到普通发票,发票号为 PT00055,结算单价分别为 750 元和 700 元。

(2)本公司受托代销奥尔马表厂的奥尔马手表。2014 年 1 月 18 日,收到奥尔马表厂发来的奥尔马男表 800 只,女表 800 只,单价分别为 880 元和 750 元。

【实验指导】

1. 第一笔业务的处理

受托代销业务是一种先销售后结算的采购模式。其他企业委托本企业代销其商品,但商品所有权仍然归委托方,代销商品售出后,本企业与委托方进行结算,由对方开具正式的发票,商品所有权转移。

操作步骤如下:

(1)在采购管理系统中执行"采购结算"→"受托代销结算"命令,打开"受托结算选单过滤"窗口。

(2)参照供应商编码,选择"奥尔马表厂",单击"过滤"按钮。

(3)单击"选择"栏,选择要结算的入库单记录。

(4)单击"确定"按钮,返回"受托代销结算"窗口。

(5)修改发票日期和结算日期均为"2014 年 1 月 8 日",在"发票号"文本框中输入"PT00055",发票类型选择"普通发票",在"税率"文本框中选择"0.00","采购类型"选择"代理商进货",再拖动窗口下方的左右滚动条,分别修改"含税单价"为"750"和"700",如图 2.87 所示。

(6)如果要取消本次结算,则单击"删除"按钮,取消要结算的入库单记录。

(7)单击"结算"按钮,系统进行结算,自动生成受托代销发票、受托代销结算单,并弹出"结算完成!"信息提示框,如图 2.88 所示。

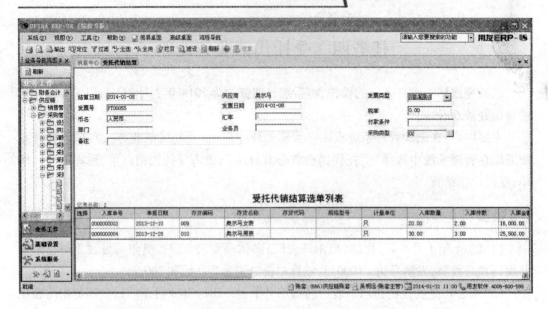

图2.87 "受托代销结算"窗口

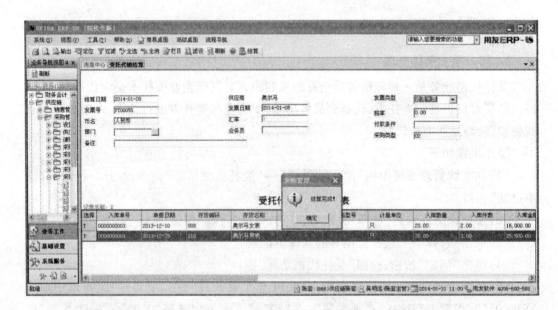

图2.88 "结算完成!"信息提示框

(8)单击"确定"按钮。
(9)单击"关闭"按钮。
提示：
(i)受托代销结算是企业销售委托代销单位的商品后,与委托单位办理付款结算。
(ii)结算表中存货、入库数量、入库金额、已结算数量、已结算金额等信息不能修改。

(iii)结算表中的结算数量、含税单价、价税合计、税额等信息可以修改。

(10)在应付款管理系统中,执行"应付单据审核"命令,打开"单据过滤条件"对话框。

(11)单击"确定"按钮,打开"应付单据列表"窗口。单击"全选"按钮,再单击"审核"按钮。

(12)执行"制单处理"命令,制单并保存,如图2.89所示。

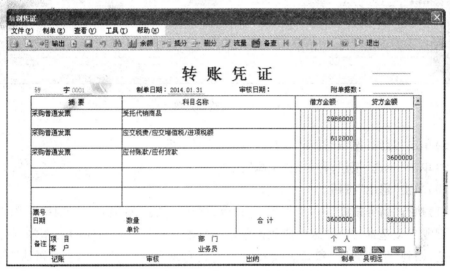

图 2.89　应付账款的凭证

2. 第二笔业务的处理

收到委托人发来的代销商品时,应该及时办理受托代销商品入库手续,也可以先办理到货手续,再根据到货单生成受托代销入库单。

操作步骤如下:

(1)在采购管理系统中,执行"采购到货"→"到货单"命令,打开"采购到货单"窗口。

(2)单击"增加"按钮,"业务类型"选择"受托代销"。

(3)继续录入"采购到货单"的其他信息,如图2.90所示。

(4)单击"保存"按钮。

(5)在库存管理系统中,执行"入库业务"→"采购入库单"命令,单击"生单"按钮,选择"采购到货单(蓝字)"选项卡。单击"过滤"栏,选中到货单,单击"确定"按钮,修改仓库日期为"2014年1月18日","入库仓库"选择"手表仓"。

(6)单击"确定"按钮,生成采购入库单,再单击"审核"按钮。

(7)在存货核算系统中,执行"业务核算"→"正常单据记账"命令,打开"正常单据记账"对话框。

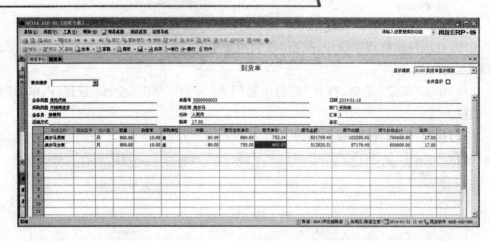

图 2.90 采购到货单

(8)单击"过滤"按钮,打开"正常单据记账"对话框。

(9)单击"全选"按钮,再单击"记账"按钮。

(10)单击"退出"按钮。

(11)执行"财务核算"→"生成凭证"命令,打开"生成凭证"窗口。选择"采购入库单(暂估记账)"复选框,打开"未生成凭证单据一览表"窗口,选择对应的入库单,单击"确认"按钮,回到"生成凭证"窗口。录入"存货"科目编码为"1321","应付暂估"科目为"2314","差价"科目为"1407",生成的凭证如图 2.91 所示。

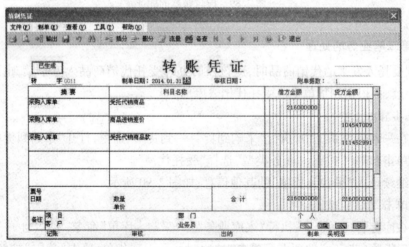

图 2.91 转账凭证

任务五　采购特殊业务处理

已经完成第二章任务四的操作,将系统日期修改为2014年1月31日,以111操作员的身份登录666账套。

主要内容:增加"非合理损耗类型",由运输部门责任;由于本月发票已到,对于上月暂估业务,执行采购结算并确认采购成本;对于本月末采购商品已到但发票未到的业务进行暂估处理;尚未结算的采购退货业务的处理;已经执行采购结算的采购退货业务处理。

【实验资料】

(1)2014年1月18日,收到2013年12月08日暂估业务的专用发票,发票号为ZY0021。发票上载明永昌男套装155套,单价860元,短缺的5套服装为非合理损耗。已查明属于运输部门的责任,运输部门统一赔偿5 031元(尚未收到)。财务部门按发票开出转账支票(支票号为ZZ00558899),支付全部款项。

(2)2014年1月20日,向上海钻石手表厂订购钻石女表200只,单价115元。本月25日全部到货,办理入库手续。

(3)2014年1月27日,收到本月22日采购的钻石男表300只,单价140元。28日验收入库时发现20只存在质量问题,与对方协商,退货20只,验收合格的男表办理入库手续。

(4)2014年1月28日,发现本月25日入库的上海钻石女表100只存在质量问题,要求该批女表全部退回。与上海钻石表厂协商,对方同意全部退货。对方已经按200只开具专用发票。发票已于27日收到(发票号为ZY00258),但尚未结算。

(5)2014年1月30日,本月20日向上海永昌服装厂订购的800套女套装,单价为340元,30日全部到货并办理了验收入库手续。31日,发现10套女套装有质量问题,经协商,对方同意退货。当日收到对方开具的专用发票,发票号为ZY00518。

(6)2014年1月31日,发现本月30日入库的20件大地男风衣、15件大地女风衣存在质量问题,要求退货。经与北京大地服装厂协商,对方同意退货。该批服装已于30日办理采购结算。

(7)2014年1月31日,本月20日向上海永昌服装厂订购300套永昌男套装,单价800元,男套装已于本月26日收到并验收入库,但发票至今未到。

【实验指导】

1. 第一笔业务的处理

本笔业务属于上年12月末的暂估业务,本月需要输入"拷贝生成"采购发票,执行采购结算,进行暂估处理,确认采购成本。

(1)在采购管理系统中,执行"采购发票"→"专用采购发票"命令,打开"采购专用发票"窗口。

(2)单击"增加"按钮,修改发票号为"ZY0021"。

(3)原采购入库单上的采购单价为 800 元,入库数量为 150 套,而发票载明单价为 860 元,数量 155 套。此处应该按发票修改采购单价为 860 元,数量为 155 套。全部信息确认无误后单击"保存"按钮,如图 2.92 所示。

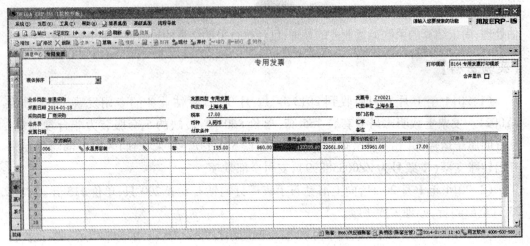

图 2.92 修改采购专用发票价格

(4)单击"现付"按钮,打开"采购现付"对话框,输入结算方式(转账支票)、结算金额(155961)、票据号(ZZ00558899)和银行账号(21118899),如图 2.93 所示。

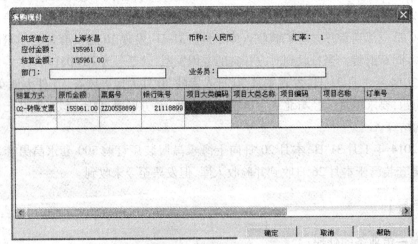

图 2.93 "采购现付"对话框

（5）确认所有付款信息后，单击"确定"按钮，在"采购专用发票"上打上了"已现付"标记。

（6）选择"基础设置"选项，执行"基础档案"→"业务"→"非合理损耗类型"命令，增加非合理损耗类型编码01，非合理损耗类型名称为"运输部门责任"，单击"保存"按钮，如图2.94所示。

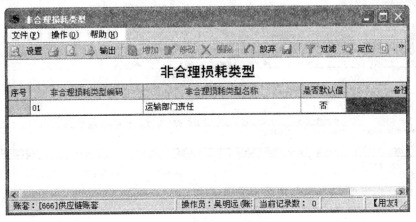

图2.94　非合理损耗类型设置

（7）在采购管理系统中，执行"采购结算"→"手工结算"命令，打开"手工结算"窗口。

（8）单击"选单"按钮，再单击"过滤"按钮，设置过滤条件为"日期为2013年12月1日—2014年1月31日"。单击"过滤"按钮。

（9）选择相应的采购入库单和采购发票，如图2.95所示。

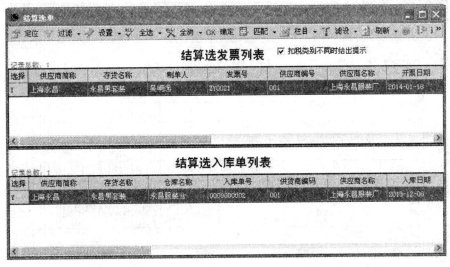

图2.95　选择采购入库单和采购发票

(10)单击"确定"按钮。

(11)在发票的"非合理损耗数量"栏中输入"5.00","非合理损耗类型"选择"01 运输部门责任",在"进项税转出金额"栏中输入"731"元(5×860×0.17),如图2.96所示。

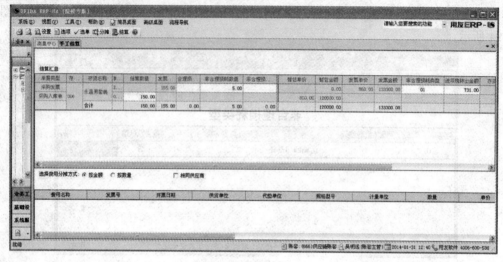

图2.96 非合理损耗结算

(12)单击"结算"按钮,系统弹出"完成结算"信息提示框。

在应付款管理系统下:

在应付款管理系统中,对"包含已现结发票"的应付单据进行审核并制单,如图2.97所示。

图2.97 付款凭证

在存货核算系统下:

(1)结算成本处理。

①存货核算系统中,执行"业务核算"→"结算成本处理"命令,打开"暂估处理查询"对话框。

②选择"永昌服装仓"前的复选框,如图2.98所示。

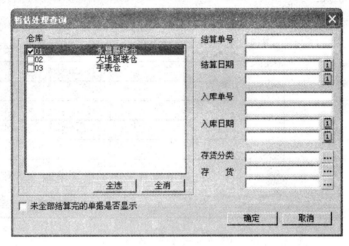

图2.98 "暂估处理查询"对话框

③单击"确定"按钮,打开"暂估结算表"窗口。

④选择入库单号为0000000002的入库单,如图2.99所示。

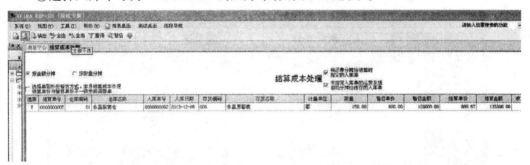

图2.99 暂估结算表

⑤单击"暂估"按钮,再单击"退出"按钮。

(2)生成冲销暂估入账业务的凭证。

①在存货核算系统中,执行"财务核算"→"生成凭证"命令,打开"生成凭证"窗口。

②单击"选择"按钮,打开"查询条件"对话框。

③选中"(24)红字回冲单"复选框,并单击"确定"按钮。

选中要生成凭证的单据,修改凭证类别为"转账凭证",录入"存货"科目编码为"1405"和"对方"科目编码为"220202"。

④单击"生成"按钮,生成一张红字凭证,如图2.100所示。

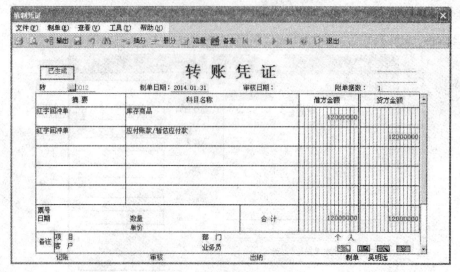

图2.100　冲销暂估入库的凭证

(3)生成"蓝字回冲单(报销)"的凭证。

①在存货核算系统的"生成凭证"窗口中,单击"选择"按钮,打开"查询条件"对话框。

②选择"(30)蓝字回冲单(报销)"复选框,如图2.101所示。

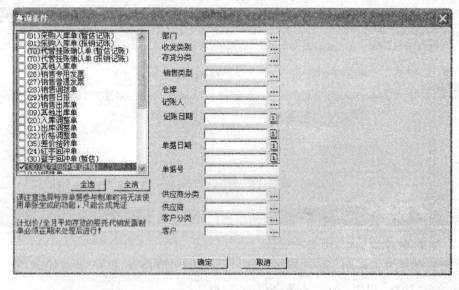

图2.101　"查询条件"对话框

③单击"确定"按钮,打开"未生成记账凭证单据一览表"窗口。
④单击"选择"栏,如图 2.102 所示。

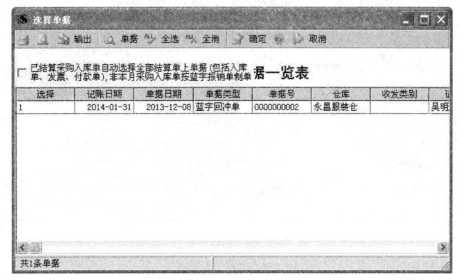

图 2.102 "未生成凭证单据一览表"窗口

⑤单击"确定"按钮。
⑥录入相关信息,如图 2.103 所示。

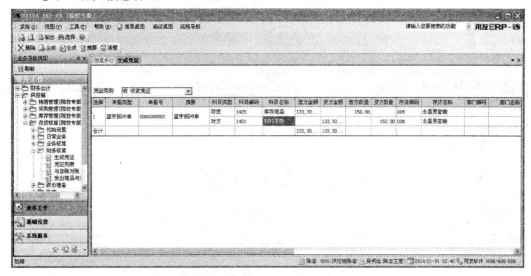

图 2.103 录入存货和对方科目

⑦单击"生成"按钮,生成一张转账凭证,如图 2.104 所示。

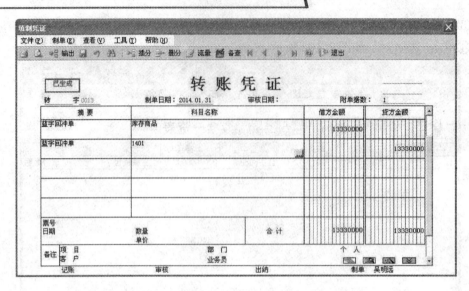

图 2.104　转账凭证

2. 第二笔业务的处理

(1)在采购管理系统中,执行"采购订货"→"采购订单"命令,增加一张采购订单。输入采购钻石女表"200"只,单价"115"元等内容,单击"保存"按钮,再单击"审核"按钮。

(2)在采购管理系统中,执行"采购到货"→"到货单"命令,参照采购订单生成钻石女表的采购到货单,如图 2.105 所示。

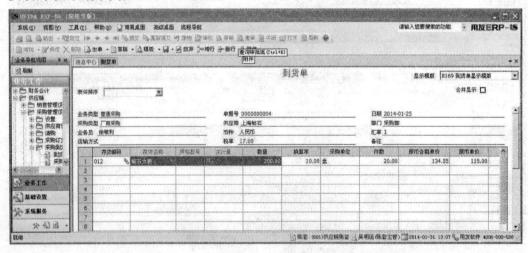

图 2.105　采购到货单

(3)在库存管理系统中,执行"入库业务"→"采购入库单"命令。在采购入库单窗口中,直接单击"生单"按钮,选择到货单生成采购入库单,单击"保存"按钮,再单击"审核"

按钮。

(4)在存货核算系统中,执行"业务核算"→"正常单据记账"命令进行单据记账。

注意:由于此时尚未收到采购发票,还未进行采购结算,暂不生成凭证,也暂不确认应付账款。

3. 第三笔业务的处理

本笔业务属于入库前部分退货业务,需要录入采购订单、采购到货单和退货单,并根据实际入库数量输入采购入库单。

(1)填制采购订单和采购到货单。

①2014年1月22日,在采购管理系统中,执行"采购订货"→"采购订单"命令,增加采购订单。输入钻石男表"300"只,单价"140"元,单击"保存"按钮,再单击"审核"按钮。

②2014年1月27日,执行"到货"→"到货单"命令,根据采购订单生成采购到货单。

③2014年1月28日,入库时发现20只男表不合格,需要开具20只男表的退货单。执行"采购到货"→"采购退货单"命令,输入并保存一张红字采购到货单,退货数量为"-20",如图2.106所示。

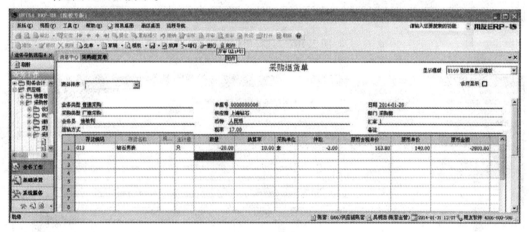

图2.106　部分退货单

(2)填制采购入库单。

①2014年1月28日,输入一张采购入库单,在库存管理系统中,执行"入库业务"→"采购入库单"命令。

②单击"生单"按钮,打开"选择采购订单或采购到货单"对话框,选择"采购到货单"选项卡。选择第五号单据的"选择"栏,再选中"显示表体"复选框。修改入库日期为"2014年1月28日","入库仓库"选择"手表仓",拖动表下方的滚动条到最后。修改"本次入库数量"为"280",如图2.107所示。

③单击"确定"按钮,生成一张采购入库单。单击"审核"按钮,审核采购入库单,如图

2.108 所示。

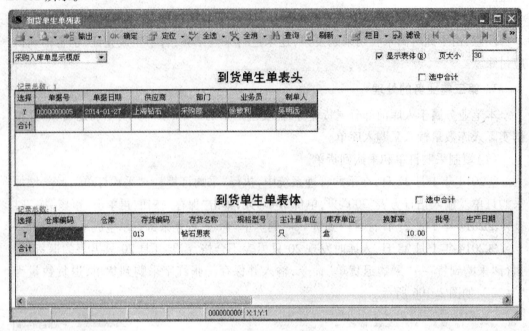

图 2.107　选择单据窗口

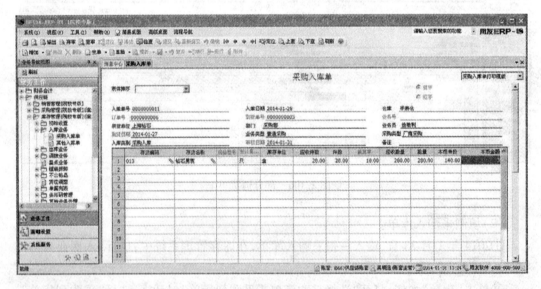

图 2.108　已审核的采购入库单

提示：

(i) 尚未办理入库手续的退货业务，只需要开具退货单，即可完成退货业务的处理。

(ii) 收到对方按实际验收数量开具的发票后，按正常业务办理采购结算。

4. 第四笔业务的处理

(1)2014年1月27日,根据采购入库单生成采购发票,修改发票号为ZY00258。在采购管理系统中,执行"采购发票"→"专用采购发票"命令,打开专用发票输入窗口,并根据25日填制的采购入库单生成采购专用发票,如图2.109所示。

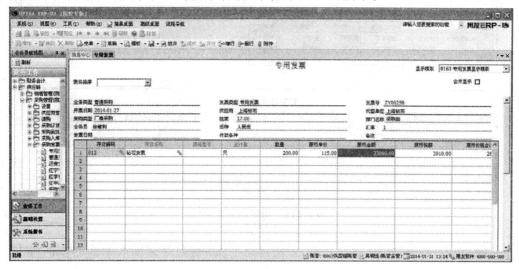

图2.109 采购专用发票

(2)2014年1月28日,在采购管理系统中,执行"采购到货"→"采购退货单"命令。单击"增加"按钮,参照25日填制的采购到货单、采购订单生成红字退货单,单据上列明退货商品钻石女表,退货数量200只,单价115元等信息。单击"保存"按钮,如图2.110所示。

图2.110 全额退货单

(3)在库存管理系统中,执行"入库业务"→"采购入库单"命令,打开"采购入库单"窗口。单击"生单"按钮,选择"采购到货单(红字)",单击"过滤"按钮,如图 2.111 所示。

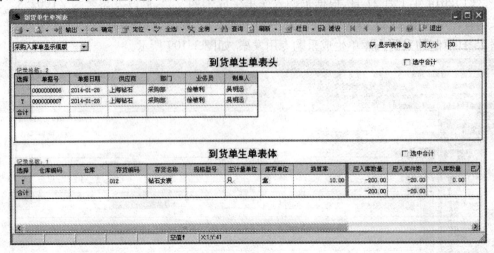

图 2.111 拷贝到货退回单

(4)单击"确定"按钮,确认生单,系统自动生成一张红字采购入库单。单击"审核"按钮。

(5)在采购管理系统中,执行"采购发票"→"红字专用采购发票"命令,打开"专用发票"窗口,单击"增加"按钮,选择"生单/入库单",在采购入库单列表中,选中"采购入库单(负数量)",如图 2.112 所示。

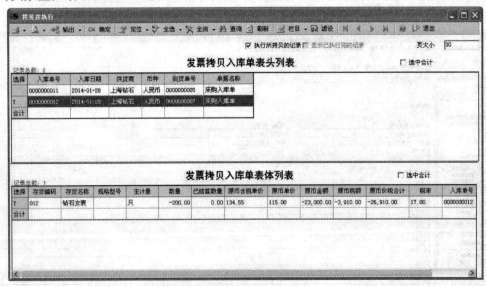

图 2.112 采购入库单过滤

(6)单击"确定"按钮,系统自动生成一张红字专用采购发票。单击"保存"按钮,如图2.113所示。

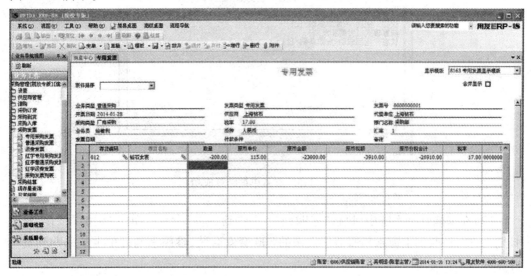

图2.113　红字专用采购发票

(7)在采购管理系统中,执行"采购结算"→"自动结算"命令,打开"采购自动结算"对话框,选择"红蓝入库单"和"红蓝发票"复选框,如图2.114所示。

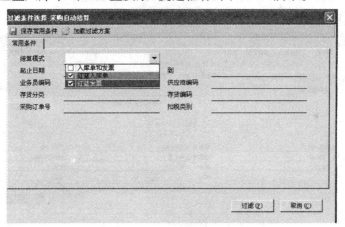

图2.114　"采购自动结算"对话框

(8)单击"过滤"按钮,完成红蓝入库单和红色发票的自动结算,如图2.115所示。
(9)单击"确定"按钮。
5. 第五笔业务的处理
(1)在采购管理系统中,执行"采购订货"→"采购订单"命令,单击"增加"按钮,修改采购日期为 20 日,订购永昌女套装 800 套,单价 340 元,保存并审核。

图 2.115　红蓝单据结算成功

(2)在采购管理系统中,执行"采购到货"→"到货单"命令。单击"增加"按钮,修改日期为 30 日,收到上海永昌服装厂发来的 800 套女套装,参照采购订单生成采购到货单并保存。

(3)在库存管理系统中,执行"入库业务"→"采购入库单"命令。单击"生单"按钮,选择参照"采购到货单"生成采购入库单,并在生单选单列表中选中到货单,单击"确定"按钮。在生成的采购入库单界面,单击"审核"按钮,审核并确认采购入库单。

(4)31 日,发现 10 套女套装存在质量问题,在采购管理系统参照生成采购退货单并保存,如图 2.116 所示。

图 2.116　部分采购退货单

(5)在库存管理系统中参照生成红字入库单,如图 2.117 所示。

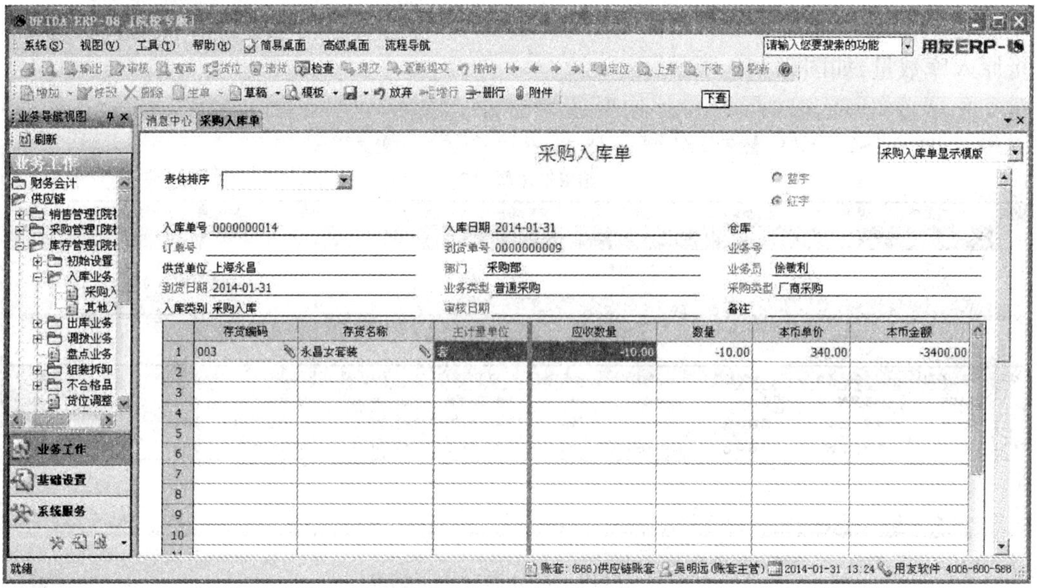

图 2.117　部分退货红字入库单

(6)31 日,在采购管理系统中,执行"采购发票"→"专用采购发票"命令。单击"增加"按钮,修改专用发票号为"ZY00518",根据原入库数量扣除退货数量后的实际数量(790)和发票单价 340 元,参照生成采购专用发票,如图 2.118 所示。

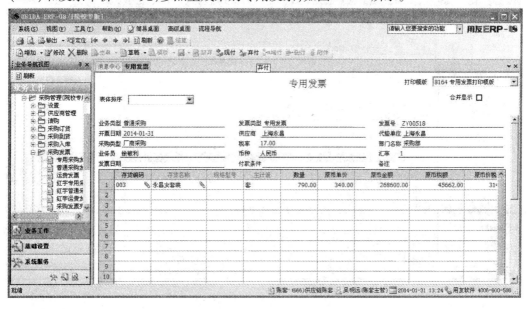

图 2.118　采购专用发票

(7)执行"采购结算"→"手工结算"命令,选择"选单",单击"过滤"按钮,打开结算单列表,采用手工结算方式将红字采购入库单与原采购入库单和采购发票进行结算,冲抵原入库数量,如图2.119所示。

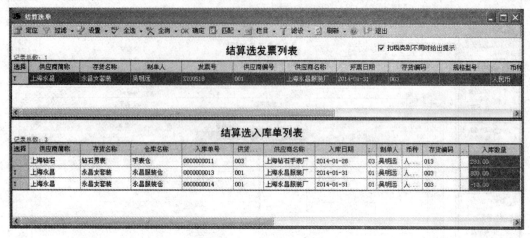

图2.119　部分退货手工结算

(8)单击"确定"按钮,进行结算。

(9)在采购管理系统中,执行"采购结算"→"结算单列表"命令,选中所要查询的采购结算单记录并双击,打开该结算表。采购退货结算单如图2.120所示。

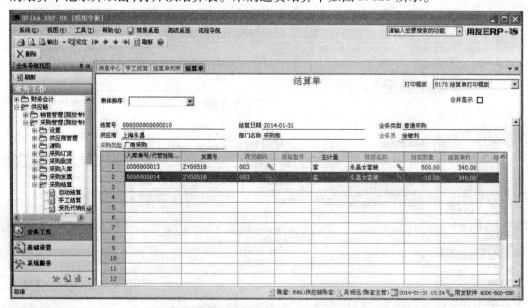

图2.120　采购退货结算单

6. 第六笔业务的处理

（1）在采购管理系统中，执行"采购到货"→"采购退货单"命令。单击"增加"按钮，拷贝第四号采购订单，男风衣退货数量为20件，单价150元；女风衣15件，单价120元，如图2.121所示。

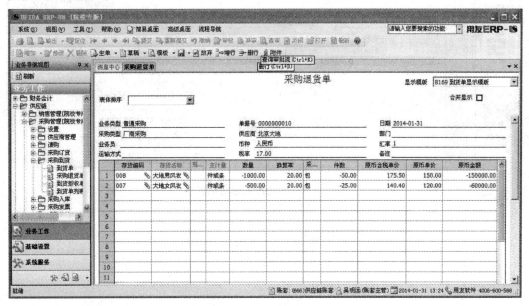

图2.121 采购到货单

（2）在库存管理系统中，执行"入库业务"→"采购入库单"命令。单击"生单"按钮，选择"采购到货单"生单，在"生单选单列表"中选中第四号采购到货单。单击"确定"按钮，并对生成的采购入库单进行审核。

（3）在采购管理系统中，执行"采购发票"→"红字专用采购发票"命令，单击"增加"按钮，参照红字采购入库单生成红字专用采购发票，单击"保存"按钮。

（4）在采购管理系统中，执行"采购结算"→"自动结算"命令。选择"红蓝入库单"和"红蓝发票"复选框，单击"确定"按钮，执行自动结算。

（5）在采购管理系统中，执行"采购结算"→"结算单列表"命令，选中所要查询的采购结算记录并双击，打开该结算表，可以查询、打印该结算单，如图2.122所示。

7. 第七笔业务的处理

本笔业务属于货到发票未到的业务，月末发票依然未到，应该进行暂估处理。本笔业务在本月末只需要输入采购订单、到货单及采购入库单；下月收到发票并输入后，系统自动执行"单到回冲"；执行采购结算，并在存货核算系统中执行暂估处理，系统自动改写账簿记录。

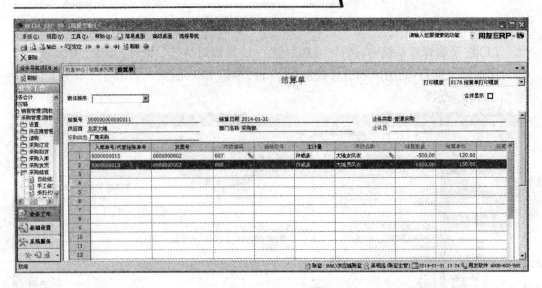

图 2.122　大地风衣退货结算单

第三章 Chapter 3

销售管理

【功能概述】

销售是企业经营货物的中心，是企业生产经营的实现过程。销售部门在企业供应链中处于市场与企业接口的位置，其主要职能就是为客户提供产品及其服务，从而实现企业的资金周转并获取利润，为企业提供生存与发展的动力。

销售管理系统主要提供对企业销售业务全流程的管理。销售管理系统支持以销售订单为核心的业务模式，支持普通批发销售、零售、委托代销业务、直运销售业务、分期收款销售和销售调拨等多种类型的销售业务，以满足不同用户的需求，用户可以根据实际情况构建自己的销售管理平台。

销售管理的主要功能包括：

(1) 有效管理客户。对客户进行分类管理，维护客户档案，制订针对客户的价格政策，建立长期稳定的销售渠道。

(2) 根据市场需求信息，进行产品销售预测。

(3) 编制销售计划。销售计划的编制是按照客户订单、市场预测情况和企业生产情况，对一定时期内企业的销售品质、各品种的销售量与销售价格做出安排。企业也可以根据某个部门或者某个业务员制订销售计划。

(4) 销售订单管理。根据客户的订单数量，输入、修改、查询、审核销售订单，了解订单的执行或未执行情况。

(5) 销售物流管理。根据销售订单填制或生成销售发货单，并根据销售发货单生成销售出库单，在库存管理系统办理出库。

(6) 销售资金管理。依据销售发货单开具销售发票，发票审核后即可确认收入，形成应收账款，在应收款管理系统中可以查询和制单，并据此收款。

(7) 销售计划管理。以部门、业务员、存货类及其组合为对象，考核销售的计划数与定额数的完成情况，并进行考核评估。

(8)价格政策。系统能够提供历次售价、最新成本加成和按价格政策定价三种价格依据;同时,按价格政策定价时,支持商品促销价,可以按客户定价,也可以按存货定价。按存货定价时还支持按不同自由项定价。

(9)信用管理。系统提供了针对信用期限和信用额度两种管理制度,同时,既可以针对客户进行信用管理,又可以针对部门、业务员进行信用额度和信用期限管理。如果超过信用额度,则可逐级向上审批。

(10)远程应用。可以对销售订单销售发票、发货单、现收款单等进行远程输入、查询。

(11)批次与追踪管理。对于出库跟踪入库属性的存货,在销售开单时,可以手工选择明细的入库记录,并提供先进先出、后进后出两种自动跟踪的方法。

【实验目的与要求】

运用销售管理系统对普通销售业务、直运销售业务、分期收款业务、销售零售业务及销售退货业务等进行处理,正确及时处理各类销售业务,以便及时确认销售收入,确认并收取应收款项。销售管理系统能够与应收款管理系统、总账系统集成使用,以便及时处理销售款项,并对销售业务进行相应的账务处理。通过本章的学习,学生能够掌握主要销售业务的处理流程、处理方法和处理步骤,深入了解销售管理系统与供应链管理系统的其他子系统、与 ERP 系统中的相关子系统之间的紧密联系和数据传递关系,以便正确处理销售业务和销售相关的其他业务。

【课时建议】

建议本章讲授 6 课时,上机操作练习 10 课时。

任务一 销售管理系统初始化

【实验准备】

已经完成第二章任务五的操作,或者引入光盘中的 666-2-5 账套备份数据。将系统日期修改为 2014 年 1 月 31 日,以 111 操作员(密码为 1)的身份登录 666 账套的企业应用平台。

【实验要求】

1. 设置销售管理系统参数。
2. 设置应收款管理系统参数。

3. 输入销售管理系统的期初数据。

4. 备份账套。

【实验资料】

1. **设置销售管理系统参数**

(1) 委托代销业务。

(2) 零售日报业务。

(3) 分期收款业务。

(4) 直运销售业务。

(5) 销售生成出库单。

(6) 普通销售必有订单。

(7) 新增发货单参照订单生成。

(8) 新增退货单、新增发票参照发货单生成。

(9) 其他设置由系统默认。

2. **应收款管理系统的参数设置和初始设置**

(1) 应收款管理系统选项(表3.1)。

表3.1 应收款管理系统选项

应收款核销方式	按单据	单据审核日期依据	单据日期
控制科目依据	按客户	受控科目制单方式	明细到单据
销售科目依据	按存货	坏账处理方式	应收余额百分比法

(2) 初始设置。

①基本科目设置:应收科目为1122,预收科目为2203,销售收入科目为6001,税金科目为22210102。

②控制科目设置:按客户设置。应收科目为1122,预收科目为2203。

③产品科目设置:按商品设置。销售收入和销售退回科目为6001,应交增值税为22210102。

④结算方式科目设置:现金支票、转账支票、电汇科目为1002。

⑤坏账准备设置:提取比例为1%,坏账准备期初余额为0,坏账准备科目为1231,对方科目为6602。

3. **单据设置**

允许手工修改销售专用发票号。

4. 销售管理系统的期初数(销售管理系统价格均为不含税价)

(1)期初发货单。

①2013年12月8日,永昌女套装500套,单价500元,永昌服装仓;广州市东山百货公司,销售部门为批发部,销售类型为批发销售。

②2013年12月10日,钻石女表100只,单价220元,手表仓;烟台市大山百货公司,销售部门为批发部,销售类型为批发销售。

(2)分期收款发出商品期初数。

2013年12月15日,给上海子公司(上海昌运贸易公司)发出永昌男套装400套,单价1 500元,属于永昌服装仓,销售部门为批发部,销售类型为批发销售。

【实验指导】

1. 销售管理系统的参数设置

销售管理系统的参数设置,是指在处理销售日常业务之前,确定销售业务的范围、类型及对各种销售业务的核算要求,这是销售管理系统初始化的一项重要工作。因为一旦销售管理系统开始处理日常业务,有的系统参数就不能修改,有的也不能重新设置。因此,在系统初始化时应该设置好相关的系统参数。

(1)在企业应用平台中,执行"供应链"→"销售管理"命令,打开销售管理系统。

(2)在系统菜单下,执行"设置"→"销售选项"命令,打开"销售选项"对话框。

(3)打开"业务控制"选项,选中"有零售日报业务""有委托代销业务""有分期收款业务""有直运销售业务""销售生成出库单"和"普通销售必有订单"复选框,如图3.1所示。

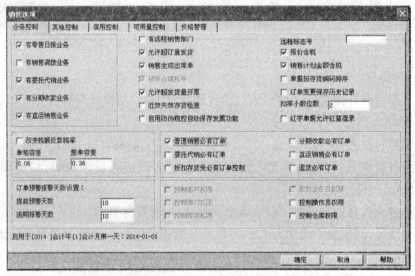

图3.1 "业务控制"选项

(4)打开"其他控制"选项,"新增发货单默认"选择"参照订单";"新增退货单默认"选择"参照发货";"新增发票默认"选择"参照发货"。其他选项按系统默认设置,如图3.2所示。

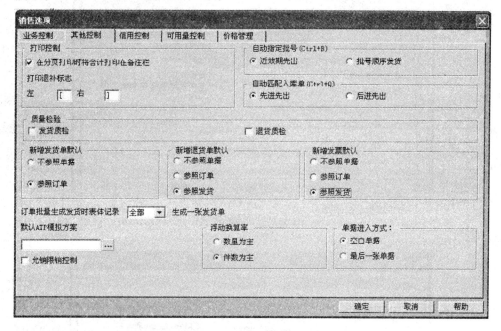

图 3.2 "其他控制"选项卡

(5)单击"确定"按钮,保存销售管理系统的参数设置。

2. 应收款管理系统的参数设置和初始设置

应收款管理系统与销售管理系统在联用的情况下,两个系统存在着数据传递关系。因此,启用销售管理系统的同时,应该启用应收款管理系统。应收款管理系统的参数设置和初始设置,都是系统的初始化工作,应该在处理日常业务之前完成。如果应收款管理系统已经进行了日常业务处理,则其系统参数和初始设置就不能随便修改。

(1)执行"企业应用平台"→"财务会计"→"应收款管理"命令。

(2)在系统菜单下,执行"设置"→"选项"命令,打开"账套参数设置"对话框。

(3)打开"常规"选项,单击"编辑"按钮,使所有参数处于可修改状态,按实验要求设置系统参数,如图3.3所示。

(4)打开"凭证"选项,按实验要求修改凭证参数的设置,如图3.4所示。

(5)单击"确定"按钮,保存应收款管理系统的参数设置。

(6)执行"初始设置"→"基本科目设置"命令,根据实验要求对应收款管理系统的基本科目进行设置,如图3.5所示。

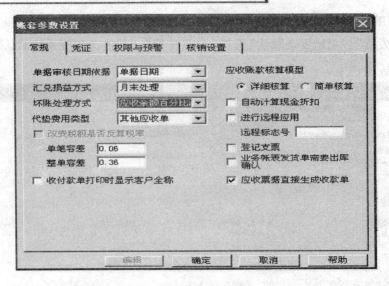

图 3.3 "常规"选项

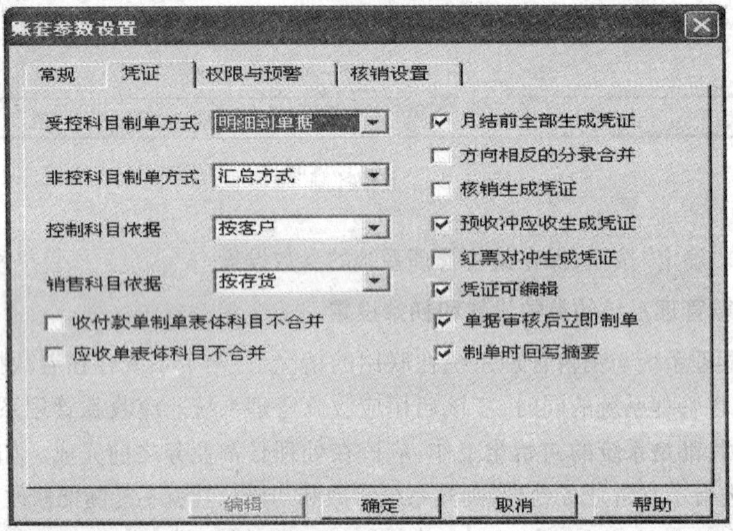

图 3.4 "凭证"选项卡

(7) 执行"控制科目设置"命令,根据实验要求对应收款管理系统的控制科目进行设置,即按客户设置应收款及预收款科目,如图 3.6 所示。

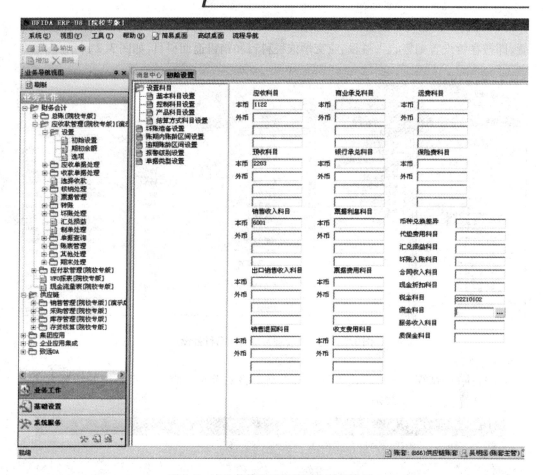

图 3.5 应收款管理系统的基本科目设置

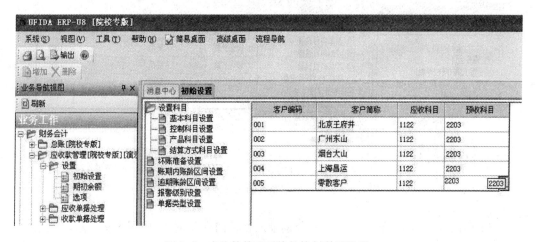

图 3.6 应收款管理系统的控制科目设置

（8）执行"产品科目设置"命令，根据实验要求对应收款管理系统的产品科目进行设置，即按存货设置销售收入科目、应交增值税科目和销售退回科目，如图3.7所示。

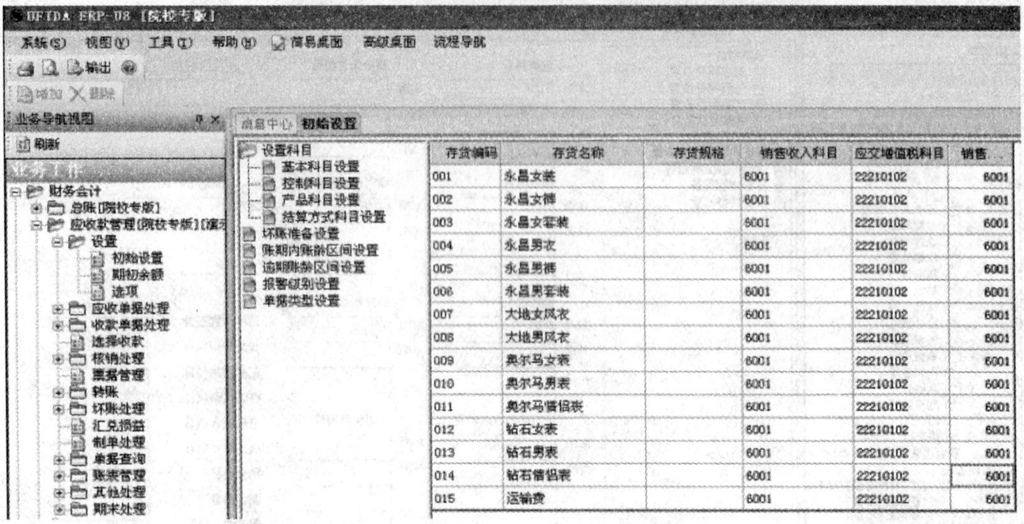

图3.7 应收款管理系统的产品科目设置

（9）执行"结算方式科目设置"命令，根据实验要求对应收款管理系统的结算方式科目进行设置，如图3.8所示。

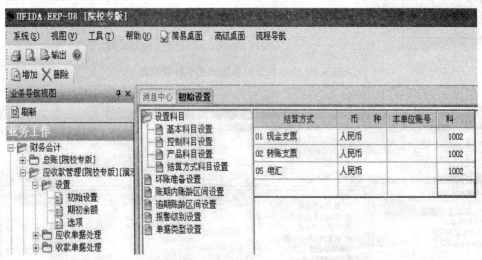

图3.8 应收款管理系统的结算方式科目设置

（10）执行"坏账准备设置"命令，分别录入相关内容并确认，如图3.9所示。

第三章　销售管理

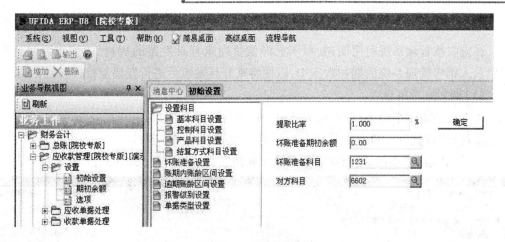

图 3.9　坏账准备设置

完成以上应收款管理设置,单击"退出"按钮,退出初始设置。

3. 单据编号设置

在企业应用平台上,打开"基础设置"选项卡,执行"单据设置"→"单据编号设置"命令,打开"单据编号设置"对话框。选择"编号设置"选项卡,执行"销售"→"销售专用发票"命令,单击对话框右上方的"修改"按钮,选中"手工改动,重号时自动重取(T)"复选框,如图3.10所示。单击"保存"按钮,再单击"退出"按钮。

图 3.10　"编号设置"选项

117

4. 应收款管理系统的期初数据录入

在应收款管理系统启用期初,对于已经发货尚未开具发票的货物,应该作为期初发货单录入销售管理系统的期初数据中,以便将来开具发票后进行发票复核,即销售结算。

(1) 期初发货单录入。

① 在企业应用平台上,登录供应链中的销售管理子系统。

② 执行"设置"→"期初发货单"命令,打开"期初发货单"窗口。

③ 单击"增加"按钮,按照实验要求输出期初发货单的信息,如图 3.11 所示。

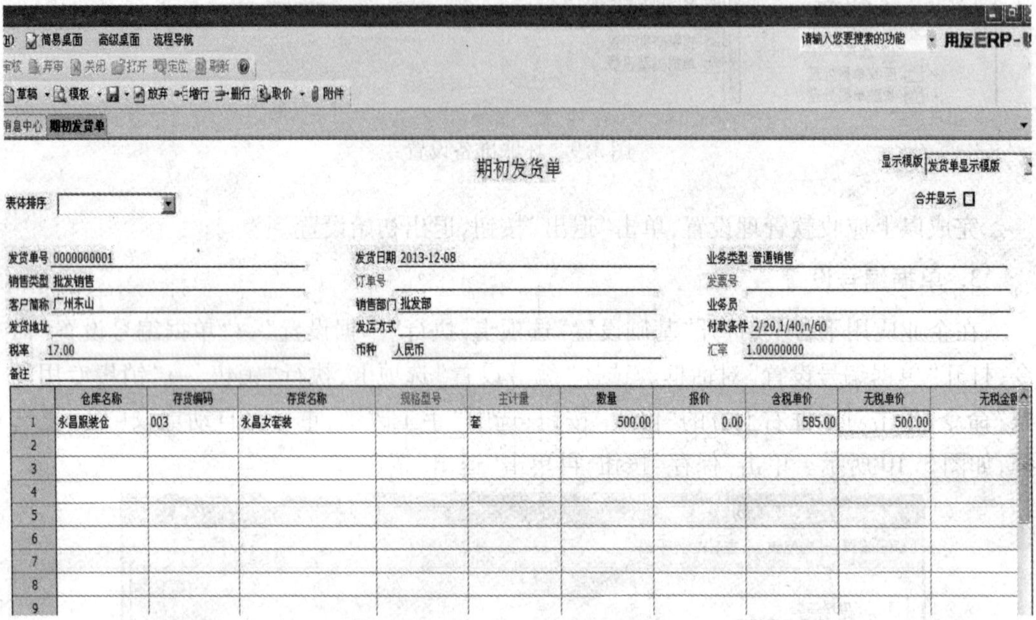

图 3.11 "期初发货单"窗口

④ 单击"保存"按钮,保存发货单信息。

⑤ 单击"审核"按钮,审核确认发货单信息。再单击"增加"按钮,录入、保存并审核第二张期初发货单,如图 3.12 所示。只有审核后的发货单才可用于销售发票录入时的参照凭证。

⑥ 期初发货单全部录入、审核完毕后,单击"退出"按钮,退出期初发货单录入与审核界面,完成期初发货单录入与审核工作。

(2) 取出分期收款发货单录入。

① 在销售管理系统中,执行"设置"→"期初录入"→"期初发货单"命令。

② 单击"增加"按钮,按实验要求输入分期收款发货单信息。注意"业务类型"必须选择"分期收款"。

③ 单击"保存"按钮,然后单击"审核"按钮,确认并保存输入信息,如图 3.13 所示。

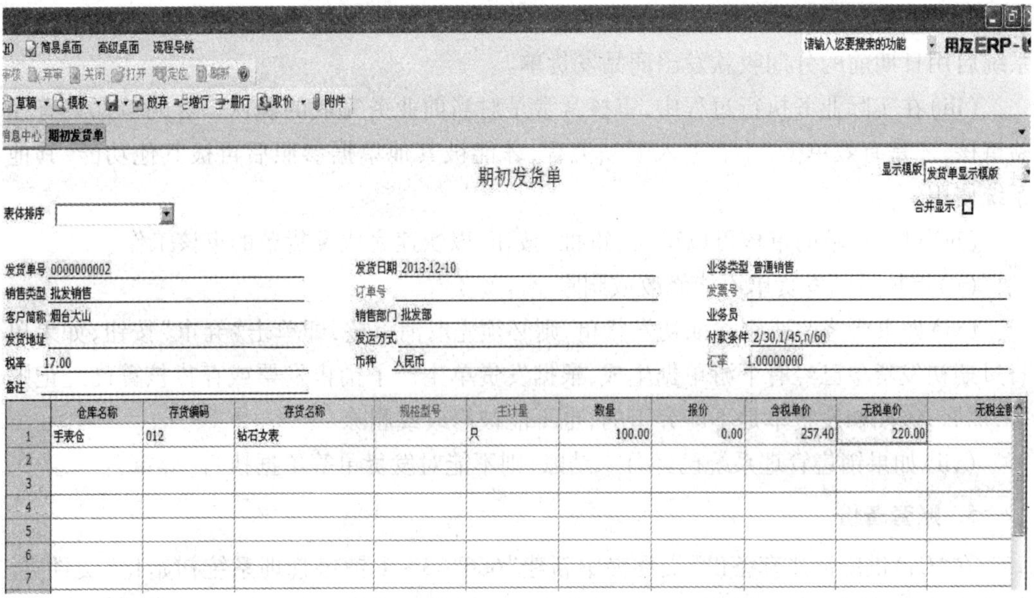

图 3.12　期初发货单审核

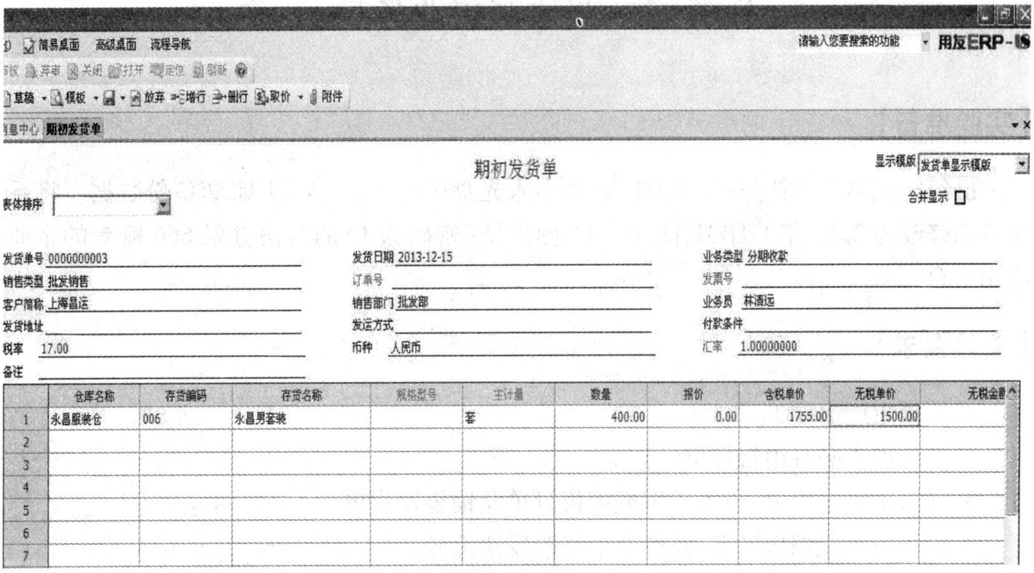

图 3.13　分期收款期初发货单

提示：

（i）当销售管理管理系统与存货核算核算集成使用时，存货核算系统中分期收款发出商品的期初余额从销售管理系统中取数，取数依据是已经审核的分期收款期初发货单。

（ⅱ）存货核算系统从销售管理系统中取数后，销售管理系统就不能再录入存货核算系统启用日期前的分期收款发出商品发货单。

（ⅲ）在实际业务执行过程中，审核常常是对当前业务完成的确认。有的单据只有经验审核，才是有效单据，才能进入下一流程，才能被其他单据参照后再被其他功能、其他系统使用。

（ⅳ）对发货单的审核可以单击"审批"按钮，以快速完成发货单的审核工作。

（ⅴ）审核后的发货单不能修改或删除。

（ⅵ）如果要修改或删除期初发货单，则必须先取消审核，即单击"弃审"按钮，如果单日过期初发货单已经有下游单据生成，根据发货单生产了销售发票或存货核算已经记账等，那么，该期初发货单是不能弃审的，也不能被修改或删除。

（ⅶ）如果销售管理系统已经月末结账，则不能对发货单等单据执行"弃审"。

5. 账套备份

在"C:\供应链账套备份"文件夹中新建"666-3-1销售管理系统初始化"文件夹。将账套输出至"C:\供应链账套备份\666-3-1销售管理系统初始化"文件夹中。

任务二　普通销售业务（一）

【实验准备】

已经完成第三章任务一的操作，或者引入光盘中的666-3-1账套备份数据。将系统日期修改为2014年1月31日，以111操作员（密码为1）的身份登录666账套的企业应用平台。

【实验要求】

1. 销售生产出库单。
2. 普通销售必有销售订单。
3. 录入销售报价单，录入或生成销售订单及销售发货单。
4. 录入或生成销售发票，并按要求修改发票编号。
5. 对销售发票进行复核，确认应收款项。
6. 确认及收取应收款项。
7. 根据销售专用发票确认销售成本（存货采用先进先出法核算）。
8. 备份账套。

【实验资料】

（销售部，业务员林清远；仓储部，仓库员张红）

(1)2014年1月8日，收到广州市东山百货公司上年12月8日购买永昌女套装的价税款292 500元（电汇DH02001899），本公司于本月4日开具销售专用发票（ZY000108），确认出库成本。

(2)2014年1月10日，给烟台市大山百货公司开具上年12月10日销售钻石女表的销售专用发票（ZY000165），款项尚未收到。

(3)2014年1月10日，北京王府井百货公司打算订购钻石女表1 000只，出价180元/只。要求本月15日发货，本公司报价为210元/只，但订货数量减到800只。本公司确认后于1月13日发货（手表仓），本公司以现金代垫运费500元。次日开具销售专用发票，发票号为ZY000122，货款尚未收到。

(4)2014年1月15日，广州市东山百货公司有意向本公司订购永昌男衣800件、永昌男裤800条。本公司报价分别为400元/件和280元/条。16日，广州市东山百货公司同意我公司的报价，并决定追加订货，男衣追加200件，男裤追加200条，需要分批开具销售发票。本公司同意对方的订货要求。

(5)2014年1月18日，按销售订单发货（永昌服装仓）给广州市东山百货公司分别发出男衣和男裤各200件（条），本公司支付运杂费200元（现金支票号为XJ01000588）。次日开具两张销售专用发票，发票号分别为ZY000278和ZY000279。对方电汇（DH0077889）款项93 600元已经收到，系付200件男衣的价税款。200条男裤款项暂欠。确认出库成本。

(6)2014年1月20日，烟台市大山百货公司向本公司订购永昌男套装200套进行询价，本公司报价900元/套，对方初步同意。本公司根据报价单已经生成销售订单。2014年1月23日，烟台市大山百货公司提出价格过高，只能接受850元/套，本公司不同意。对方撤销对本公司永昌男套装的订购。

【实验指导】

本任务主要学习先发货后开发票的销售业务，需要先处理报价单、销售订单、发货单等单据，发货单审核后根据销售管理系统初始化设置，系统将自动生成销售出库单。如果存货采用先进先出法核算，还可以随时结转销售成本。销售发票开具后，可能立即收回货款，根据发票现结处理，也可能尚未收到款项，需要确认为应收账款。

1. 第一笔普通销售业务的处理

本笔业务属于上年已经发货的销售业务，本期开具销售专用发票并收到款项。因此，本笔业务需要在销售管理系统中开具销售专用发票并现结；在应收款管理系统中审核收款单并生成凭证传递至总账系统;在存货核算系统中,进行正常单据记账,确认并结算销售成本。

本笔业务处理流程:

①销售管理系统:根据发货单生成销售专用发票并现结。

②应收款管理系统:审核收款单,制单传递至总账系统。

③存货核算系统:正常单据记账,确认并结转销售成本,制单并传递至总账系统。

操作步骤如下:

(1)在销售管理系统中开具专用发票。

①在企业应用平台上,打开"业务工作"选项卡,执行"供应链"→"销售管理"→"销售开票"→"销售专用发票"命令,打开"销售专用发票"窗口。

②单击"增加"按钮,系统自动弹出"参照生单"窗口。"客户"选择"广州东山",默认业务类型为"普通销售",也可以重新选择。

③设置过滤条件,如输出或参照输入起始及结束日期、部门业务员、订单号等信息,确认后单击"过滤"按钮,系统根据过滤条件显示符合条件的全部单据,如图3.14所示。

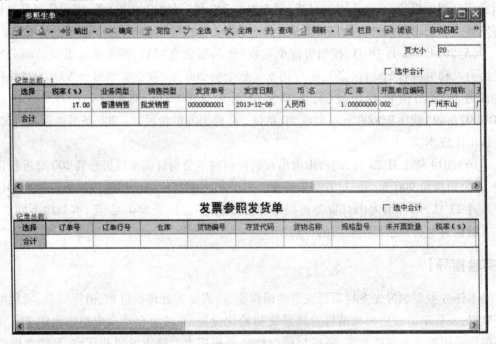

图3.14 发货单过滤条件设置窗口

④在显示的发货单记录中单击"选择"栏,出现"Y"标志表示选择成功。

⑤选择存货信息。系统自动显示该发货单的存货信息,选择需要开具发票的存货,出现"Y"标志表示选择成功,如图3.15所示。选择完毕后单击"确定"按钮。

第三章 销售管理

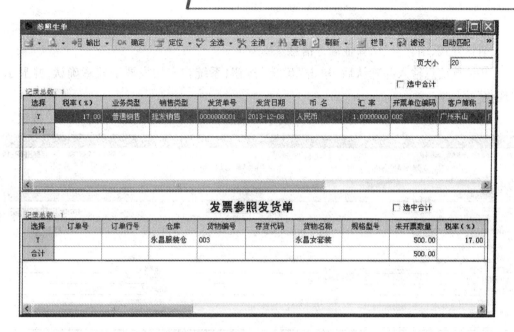

图 3.15 选择生成发票的发货单

⑥系统根据所选择的发货单和存货自动生成一张销售专用发票。修改发票日期及发票号,确认后单击"保存"按钮,确认并保存发票信息,如图 3.16 所示。

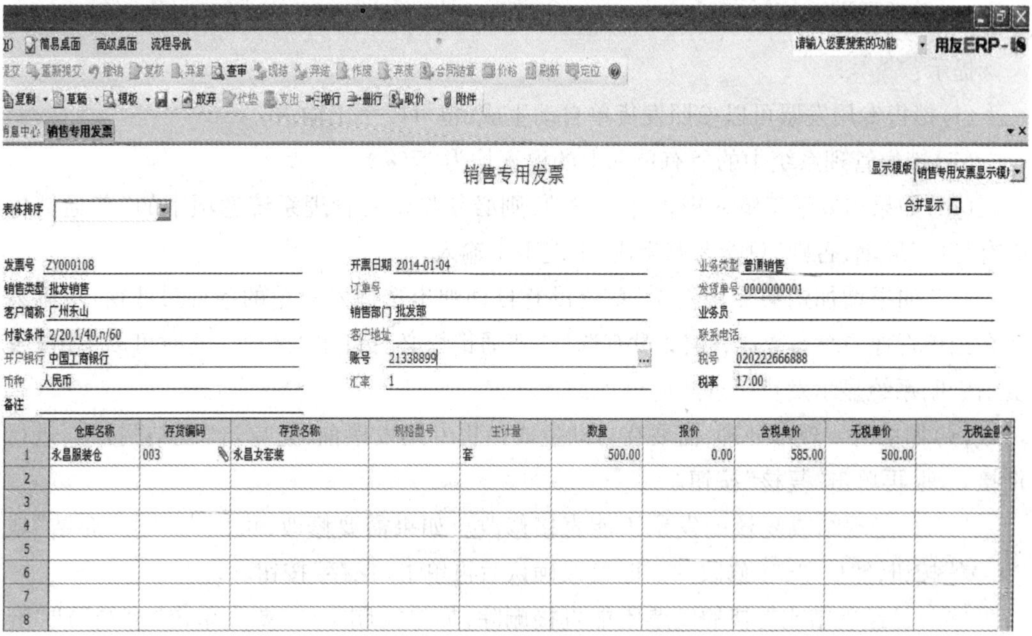

图 3.16 销售专用发票

⑦由于开票的同时收到款项,所以单击"现结"按钮,系统自动弹出"销售现结"窗口。输入结算方式、结算号、结算金额等信息。

⑧结算信息输入并确认后,单击"确定"按钮,系统在专用发票上盖章确认,并显示"现存"字样。

⑨单击"复核"按钮,保存销售专用发票的信息,如图 3.17 所示。单击"退出"按钮。

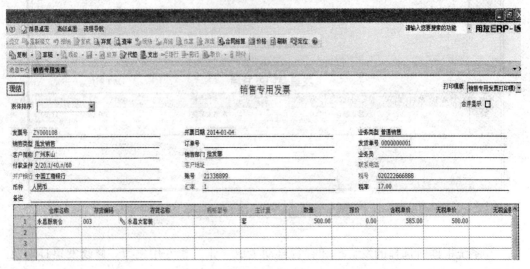

图 3.17　根据发货单生成销售专用发票

提示:

(i)销售专用发票可以参照发货单自动生成,也可以手工输入。

(ii)销售管理系统中的所有单据上的税率均为 17%。

(iii)如果需要手工输入销售专用发票,则必须将销售管理系统选项中的"普通销售必有订单"取消,否则,只能参照生成,不能手工输入。

(iv)如果增加销售专用发票,系统没有自动弹出选择发货单的条件过滤窗口,则表示在销售管理系统参数设置时,没有选择"普通销售必有订单"选项。这时可以单击"发货"按钮,系统显示发货单过滤窗口。

(v)如果需要现结处理,需要在自动生成销售专用发票前,先单击"现结"按钮,进行衔接处理,再单击"复核"按钮。

(vi)已经现结或复核的发票不能直接修改。如果需要修改,可以先单击"弃结"或"弃复"按钮,然后单击"修改"按钮,修改确认后再单击"保存"按钮。

(vii)已经现结或复核的发票不能直接删除,如果需删除,需要先单击"弃结"或"弃复"按钮。

(2)在应收款管理系统中审核收款单并制单。

①在企业应用平台上,打开"业务工作"选项卡,执行"财务会计"→"应收款管理"→"应收单据处理"→"应收单据审核"命令,系统弹出"应收单过滤条件"对话框。

②选择"包含已现结发票"复选框,如图3.18所示。

图3.18 "应收单过滤条件"对话框

③单击"确定"按钮。选择需要审核的应收单据,在记录的"选择"栏处双击,出现"Y"标志表示选择成功,如图3.19所示。

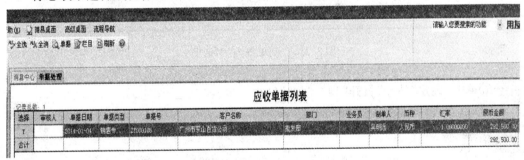

图3.19 选择需要审核的应收单

④单击"审核"按钮,系统弹出"本次审核成功单据[1]"信息提示框,如图3.20所示。单击"确认"按钮。

⑤执行"制单处理"命令,系统自动打开"制单查询"对话框,设置单据过滤条件,选择"现结制单"复选框,如图3.21所示。

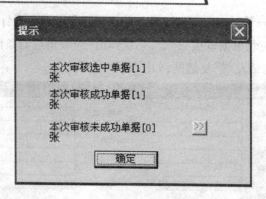

图3.20 应收单审核成功

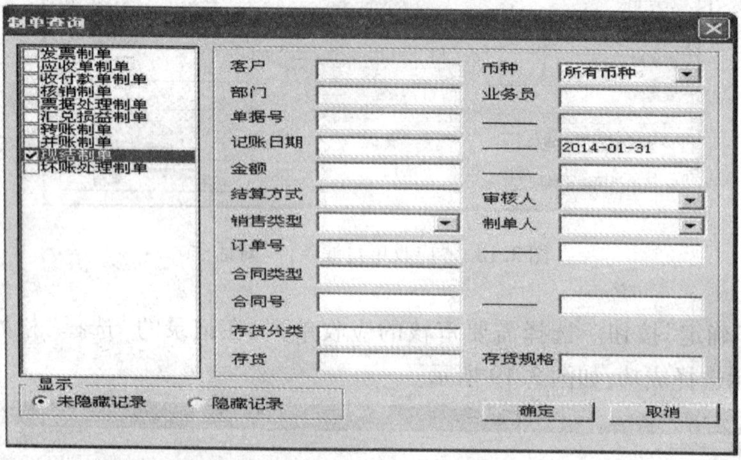

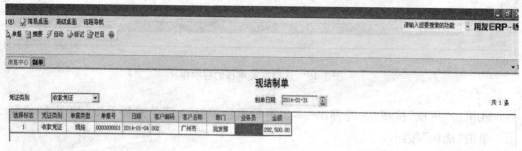

图3.21 "制单查询"对话框

⑥单击"确定"按钮,打开"现结制单"窗口。单击"全选"按钮,如图3.22所示。

图3.22 "现结制单"窗口

⑦选择凭证类别为"收款凭证",单击"制单"按钮,系统根据所选择的现结制单自动生成收款凭证。单击"保存"按钮,系统显示"已生成"标准,如图3.23所示。制单完毕,

单击"退出"按钮,退出应收款管理系统。

提示:

(i)可以通过执行"应收款管理系统"→"单据查询"→"凭证查询"命令,查询根据应收单生成的凭证。

(ii)应收单可以在应收款管理系统中手工录入,也可以由销售发票自动生成。当销售管理系统与应收款管理系统集成使用时,销售发票复核后自动生成应收单并传递至应收款管理系统。

(iii)如果做现结,应收单必须在应收款管理系统中审核后,才能确认收取的款项。

(iv)有销售发票自动生成的应收单不能直接修改。如果需要修改,则必须在销售管理系统中取消发票的复核,单击"修改""保存"和"复核"按钮,根据修改后的发票生成的应收单就是被修改后的单据了。

(v)只有审核后的应收单或收款单才能制单。

(vi)可以根据每笔业务制单,也可以月末一次制单。如果采用月末处理,可以按业务分别制单,也可以合并制单。

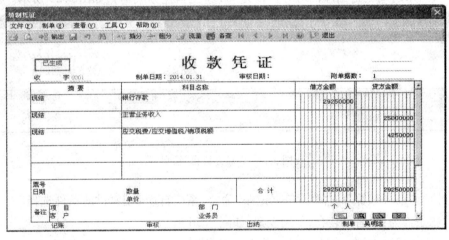

图 3.23 现结制单

(vii)已经制单的应收单或收款单不能直接删除。

(viii)如果需要删除已经生成的凭证的单据或发票,必须先删除凭证,然后在"应收单审核"窗口中取消审核操作,通过执行"应收单审核"→"应收单列表"命令,在"应收单列表"窗口中删除。

(3)系统结转销售成本并制单。

①在企业应用平台上,登录存货核算系统。

②执行"初始设置"→"存货科目"命令,打开"存货科目"窗口。

③单击"增加"按钮,系统自动增加一行记录,参照输入存货仓库编码、存货类别和存

货科目、分期收款发出商品科目、委托代销发出商品科目等。如仓库编码为“01”,仓库名称为“永昌服装仓”,存货科目编码及名称分别为“1405”“库存商品”;分期收款发出商品科目为“1405 库存商品”,如图 3.24 所示。设置完毕单击“保存”按钮。

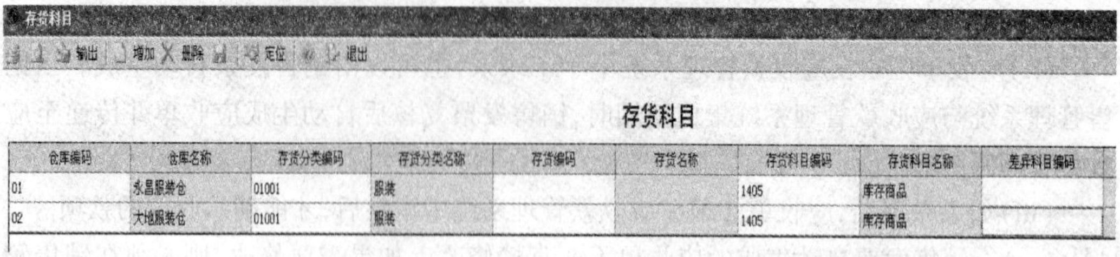

仓库编码	仓库名称	存货分类编码	存货分类名称	存货编码	存货名称	存货科目编码	存货科目名称	差异科目编码
01	永昌服装仓	01001	服装			1405	库存商品	
02	大地服装仓	01001	服装			1405	库存商品	

图 3.24 “存货科目”窗口

④执行“初始设置”→“科目设置”→“对方科目”命令,打开“对方科目”窗口。

⑤单击“增加”按钮,根据收发类型设置存货对方科目。例如采购入库,对方科目为“1401 材料采购”,销售出库的对方科目为“6401 主营业务成本”,如图 3.25 所示。

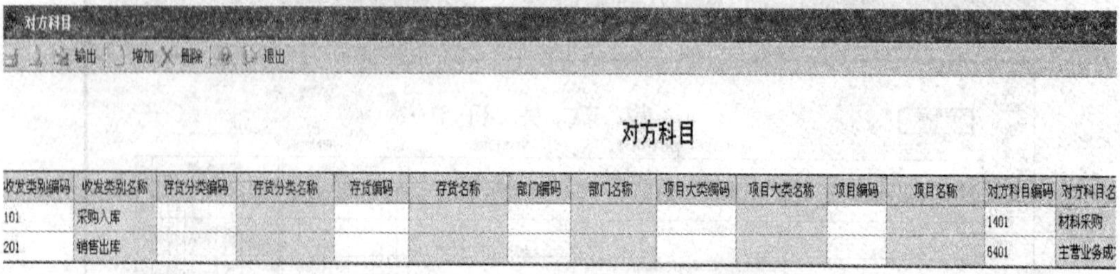

收发类别编码	收发类别名称	存货分类编码	存货分类名称	存货编码	存货名称	部门编码	部门名称	项目大类编码	项目大类名称	项目编码	项目名称	对方科目编码	对方科目名
101	采购入库											1401	材料采购
201	销售出库											6401	主营业务成

图 3.25 “对方科目”窗口

⑥执行“业务核算”→“政策单据记账”命令,系统自动弹出“过滤条件选择”对话框。设置过滤条件为:永昌服装仓,专用发票,如图 3.26 所示。

⑦单击“过滤”按钮,系统显示符合条件的单据。选择需要记账的单据,如图 3.27 所示。单击“记账”按钮。

⑧执行“财务核算”→“生成凭证”命令,打开“生成凭证”窗口。

⑨单击“选择”按钮,打开生成凭证的“查询条件”对话框。选择“销售专用发票”复选框,如图 3.28 所示。

⑩单击“确定”按钮,系统打开“未生成凭证单据一览表”窗口。选择需要生产凭证的单据,如图 3.29 所示。

⑪选择单据和凭证类型后,单击“确定”按钮,核对入账科目是否正确,确定无误后单击“生成”按钮,系统自动生成一张结转销售成本的凭证。修改凭证类别,单击“保存”按钮,系统显示“已生成”标志,如图 3.30 所示。

第三章 销售管理

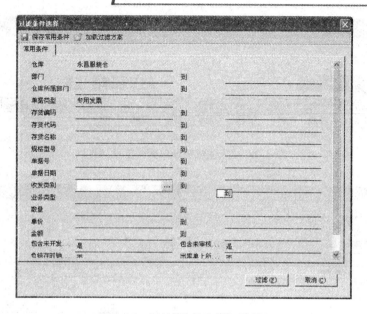

图 3.26 "过滤条件选择"对话框

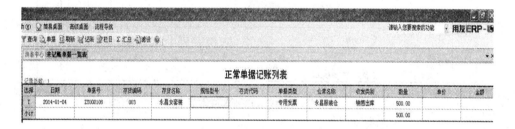

图 3.27 正常单据记账

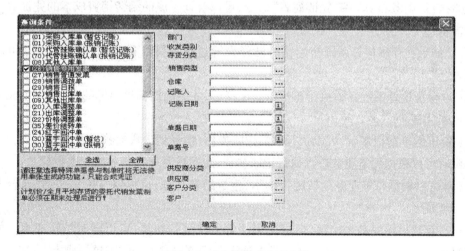

图 3.28 "查询条件"对话框

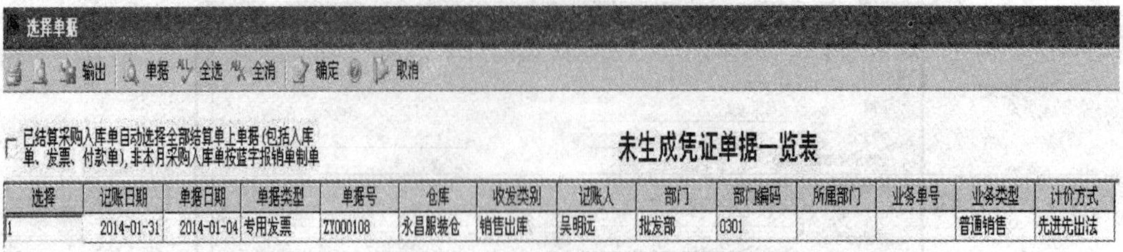

图 3.29 "未生成凭证单据一览表"窗口

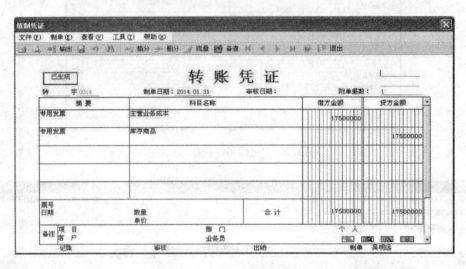

图 3.30 生成结转销售成本凭证

⑫单击"退出"按钮。

⑬执行"财务核算"→"凭证列表"命令,可以查询生成的结转销售成本的凭证。

提示:

(i)如果在存货核算系统初始化时已经设置过存货科目和对方科目,则此处可以不再设置。

(ii)存货核算系统必须执行正常单据记账后,才能确认销售出库的成本,并生成结转销售成本凭证。

(iii)正常单据记账后,可以执行取消记账操作,恢复到记账前状态。

(iv)可以根据每笔业务单据执行记账操作,也可以月末执行一次记账操作。

(v)可以根据每笔业务结转销售成本,生成结转凭证;也可以月末集中结转,合并生成结转凭证。

(vi)存货采用先进先出法、后进先出法等方法进行核算,可以随时结转成本。如果存货采用全月加权平均法,则只能在月末计算存货单位成本和结转销售成本。

2. 第二笔普通销售业务的处理

本笔业务属于上年 12 月 10 日已经发货的销售业务,本期开具销售专用发票确认应收款项。因此,本笔业务需要在销售管理系统中开具销售专用发票;在应收款管理系统中审核应收单并生成凭证传递至总账系统。由于钻石女表采用销售价法核算,因此月末才能结转销售成本。

本笔业务处理流程:

①销售管理系统:开具销售专用发票。

②应收款管理系统:审核应收单,制单并传递到总账系统。

操作步骤如下:

(1)在销售管理系统中开具销售专用发票。

①在销售管理系统中,执行"销售开票"→"销售专用发票"命令,打开"销售发票"窗口。

②单击"增加"按钮,系统自动弹出"参照生单"窗口。默认业务类型为"普通销售",可以重新选择。

③设置过滤条件,单击"过滤"按钮,系统根据过滤条件显示符合条件的全部单据。

④在显示的发货单记录中选择客户为"烟台大山",或者选择日期为 2013 年 12 月 10 日的发货单,在所选单据前单击,出现"Y"标志表示选择成功。

⑤选择存货信息。系统自动显示该发货单的存货信息。选择需要开具发票的存货,在其前面单击,出现"Y"标志表示选择成功,如图 3.31 所示。选择完毕,单击"确定"按钮。

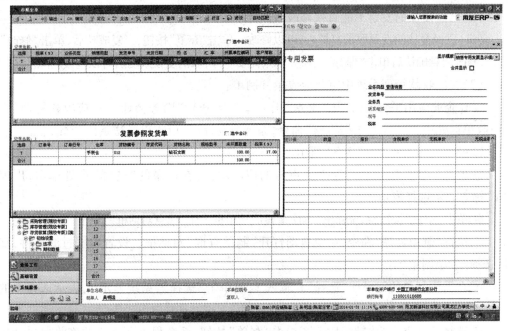

图 3.31 选择生成发票的发货单

⑥系统根据所选择的发货单和存货自动生成一张销售专用发票。修改发票信息,如开具发票的日期和发票号等信息,确认后单击"保存"按钮,确认并保存发票信息,如图3.32所示。

⑦单击"复核"按钮,保存销售专用发票的信息。

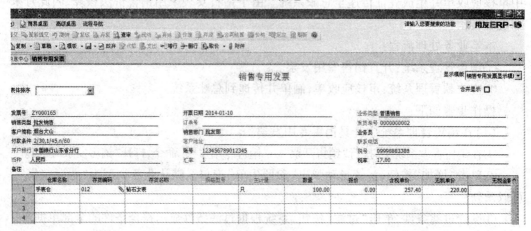

图3.32 销售专用发票

提示:

(i)尚未复核的发票可以直接修改。

(ii)已经复核的发票不能直接修改或删除。

(iii)已经复核的发票取消复核后,可以修改。单击"弃复"按钮,弃复成功后,单击"修改"按钮,修改信息确认后单击"保存"按钮。如果需要删除,取消复核成功后可以直接删除。

(2)在应收款管理系统中审核应收单并制单。

①在企业应用平台上,打开"业务工作"选项卡,执行"财务会计"→"应收款管理"→"应收单据处理"→"应收单据审核"命令,系统自动弹出"应收单过滤条件"对话框。

②设置过滤条件,如图3.33所示。

③单击"确定"按钮。选择需要审核的应收单据,在记录的"选择"栏处单击,出现"Y"标志表示选择成功。

④单击"审核"按钮,系统弹出"本次审核成功单据1张"信息对话框。单击"确定"按钮。

⑤执行"制单处理"命令,系统自动打开"制单查询"对话框。设置单据过滤条件,默认选择"发票制单"。

⑥在需要制单的记录前"选择"栏输入1,或单击"选择",系统显示1,表示选择1的单据生成一张凭证,如图3.34所示。

⑦选择凭证类别为"转账凭证",单击"制单"按钮,系统根据所选择的应收单自动生成转账凭证。单击"保存"按钮,系统显示"已生成"标志,如图3.35所示。

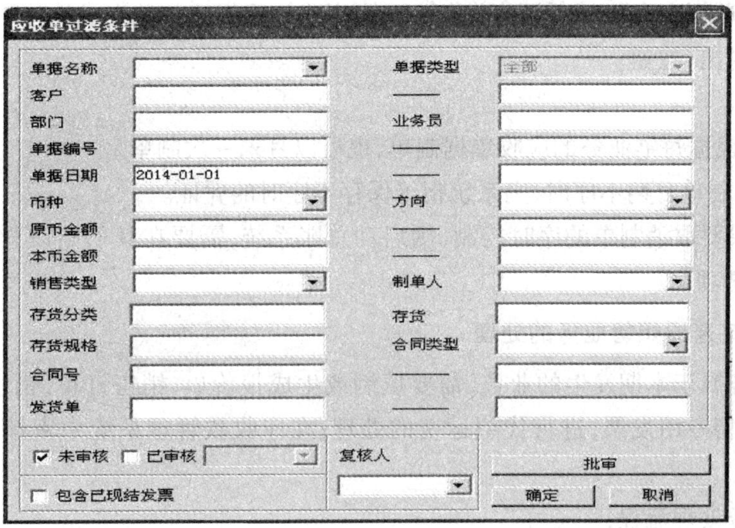

图 3.33 "应收单过滤条件"对话框

图 3.34 制单单据查询

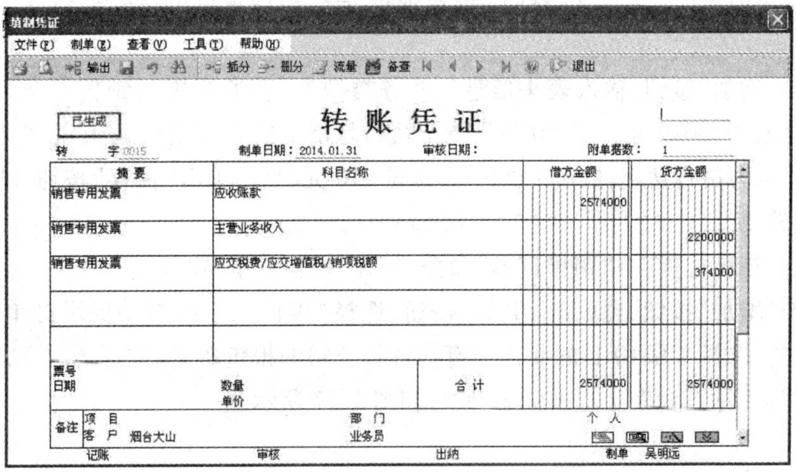

图 3.35 根据应收单生成凭证

133

⑧执行"单据查询"→"凭证查询"命令,可以查询根据应收单生成的转账凭证。查询完毕,单击"退出"按钮。

提示:

(ⅰ)可以根据每笔业务的应收单据制单,也可以月末一次制单。

(ⅱ)如果制单日期不序时,则系统拒绝保存不序时的凭证。

(ⅲ)如果要取消制单的序时控制,则启动总账系统,需要在其初始设置中取消制单"序时控制"选项。

3. 第三笔普通销售业务的处理

本笔业务属于本期发生的业务,需要填制或生成报价单、销售订单、销售发货单、销售出库单、销售专用发票,进行代垫运费的处理;在应收款管理系统中审核应收单并制单。

本笔业务处理流程:

①销售管理系统:填制报表单并审核。

②销售管理系统:填制或生成销售订单。

③销售管理系统:根据销售订单生成发货单。

④库存管理系统:生成销售出库单并审核。

⑤销售管理系统:销售专用发票。

⑥销售管理系统:代垫运费单。

⑦应收款管理系统:应收单审核并制单。

操作步骤如下:

(1)在销售管理系统中填制报价单及销售订单,生成销售发货单。

①在订单销售管理系统中,执行"销售报价"→"销售报价单"命令,打开"销售报价单"窗口。

②单击"增加"按钮,输入表头信息。业务类型为"普通销售",销售类型为"批发销售",日期修改为"2014年1月10日",客户是"北京王府井百货公司",税率为"17%"。表体中的存货为钻石女表,数量1 000只,报价210元/只。单击"保存"按钮和"审核"按钮,如图3.36所示。

③执行"销售订货"→"销售订单"命令,打开"销售订单"窗口。

④单击"增加"按钮,再单击"生单"按钮,选择"报价",系统自动提示订单参照报价单过滤窗口。选择1月10日的北京王府井百货公司的报价单,选中标志为Y;同时选择下半部的存货"钻石女表",选中标志为Y,如图3.37所示。

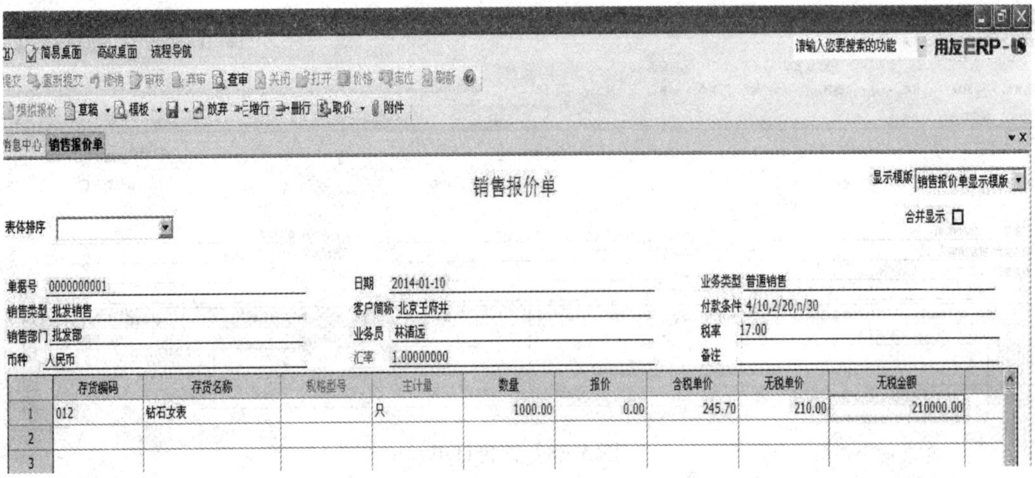

图 3.36 "销售报价单"窗口

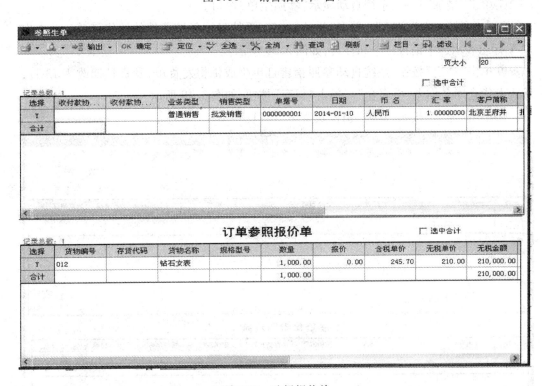

图 3.37 选择报价单

⑤根据系统报价单自动生成一张销售订单。修改订单与报价表不一致的信息,如日期为"2014 年 1 月 12 日",无税单价为"200.00",数量为"800"。信息确认后单击"保存"按钮,再单击"审核"按钮,如图 3.38 所示。

⑥执行"销售发货"→"发货单"命令,打开发货单窗口。

企业 ERP 供应链实训教程

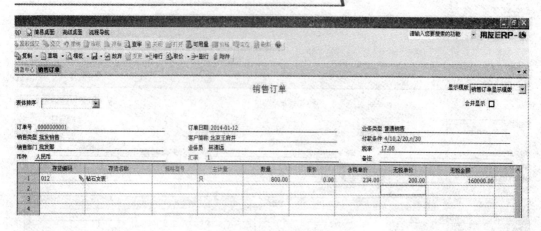

图 3.38　销售订单

⑦单击"增加"按钮,系统自动显示"参照生单"窗口。

⑧在"参照生单"窗口中,单击"过滤"按钮,系统显示复核条件的销售订单。单击出现 Y 标志表示选中销售订单和存货,如图 3.39 所示。

⑨单击"确定"按钮,系统自动参照销售订单生成销售发货单,发货日期改为 13 日,输入发货仓库名称为"手表仓"。单击"保存"按钮,如图 3.40 所示。

⑩单击"退出"按钮,退出"销售发货单"窗口。

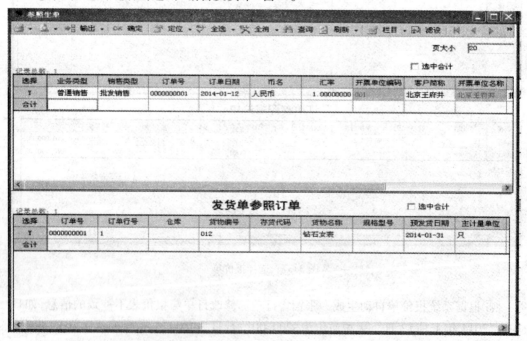

图 3.39　销售订单过滤

第三章 销售管理

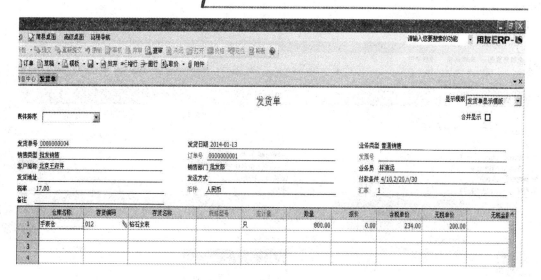

图 3.40 "销售发货单"窗口

提示：

(ⅰ)销售报价单只能手工输入。

(ⅱ)销售报价单没有审核前,可以单击"修改"按钮进行修改;如果已经审核,则必须先取消审核,然后再修改。

(ⅲ)报价单被参照后与销售订单不建立关联,即使审核后也可以删除。

(ⅳ)销售订单可以手工输入,也可以根据销售报价单参照生成。

(ⅴ)参照报价单生成的销售订单,所有从报价单带入的信息均可修改。同时还可以在销售订单上增行或删行。

(ⅵ)已经保存的报价单可以在报价单列表中查询,所选择报价单打卡后,可以执行弃审、修改、删除等操作。

(ⅶ)已经保存的销售订单可以在订单列表中查询。没有被下游参照的订单可以在打开单据后执行弃审、修改、删除等操作。

(ⅷ)已经审核的销售订单可以修改。在订单列表中,打开该销售订单,单击"变更"按钮进行修改。

(ⅸ)销售发货单可以手工输入,也可以参照销售订单生成。如果销售管理系统选项中设置了"普通销售必有订单",则只能参照生成。

(ⅹ)如果销售订单、发货单等单据已经被下游单据参照,则不能直接修改、删除。如果需要修改或删除,则必须先删除下游单据,然后取消审核,再进行修改或删除。

(2)销售出货单。

①在企业应用平台上,登录库存管理系统。

②执行"出库业务"→"销售出货单"命令,系统根据销售发货单自动生成了销售出货

单,单击"审核"按钮,确认销售出货单,如图 3.41 所示。

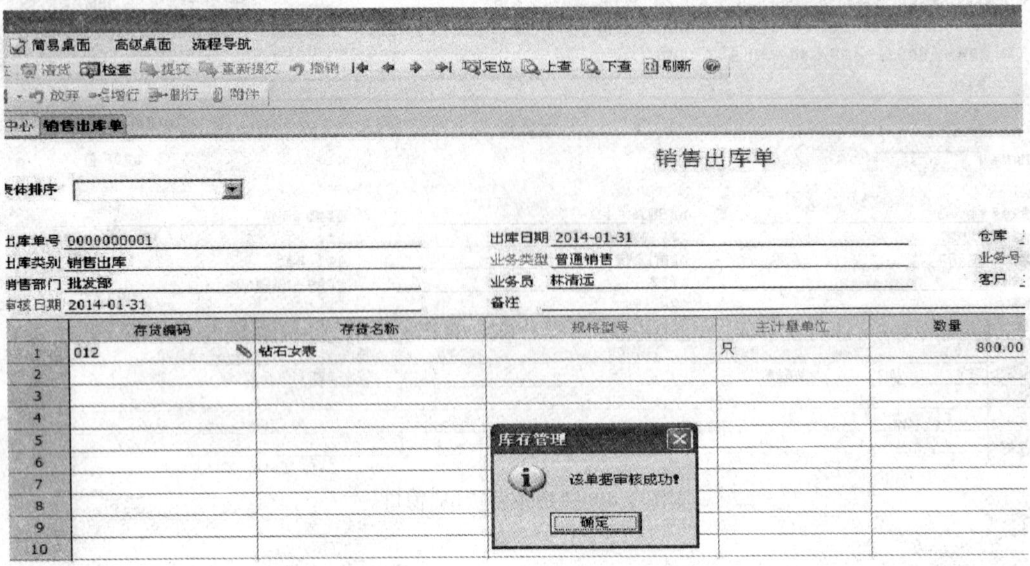

图 3.41 "销售出库单"对话框

提示:

(i)如果在销售管理系统选项中设置了"销售生成出库单",则系统根据销售出货单自动生成出库单。

(ii)如果在销售管理选项中没有设置"销售生成出库单",则在库存管理系统的"销售出库单"窗口中单击"生单"按钮。系统显示"出库单查询"窗口。用户自行选择过滤单据生成销售出库单。

(iii)在库存管理系统中生成的销售出库单,可以在销售管理系统的账表查询中,通过联查单据查询到该销售出库单。

(iv)当由库存管理生单向销售管理生单切换时,如果有已审核/复核的发货单、发票未在库存管理系统生成销售出库单,将无法生成销售出库单。因此,应检查已审核/复核的销售单据是否已经全部生成销售出库单后再切换。

(v)系统自动生成的销售出库单不能修改,可以直接审核。

(3)销售专用发票。

①在销售管理系统中,执行"销售开票"→"销售专用发票"命令,打开"销售专用发票"窗口。

②单击"增加"按钮,系统自动弹出"参照生单"窗口。默认业务类型为"普通销售",可以重新选择。

③设置过滤条件,单击"过滤"按钮,系统根据过滤条件显示符合条件的全部单据。

④在显示的发货单记录中选择客户为"北京王府井百货公司",或者选择日期为"2014年1月13日"的发货单,在所选单据前单击,出现"Y"标志表示选择成功。

⑤选择存货信息。系统自动显示该发货单的存货信息,选择需要开具发票的存货,在其前面单击,出现"Y"标志表示选择成功,选择完毕,单击"确定"按钮。

⑥系统根据所选择的发货单和存货自动生成一张销售专用发票。修改发票日期和发票号,确认后单击"保存"按钮,确认并保存重要信息,如图3.42所示。

⑦单击"复核"按钮,保存销售专用发票的信息。

⑧执行"代垫费用"→"代垫费用单"命令,打开"代垫费用单"窗口。

⑨单击"增加"按钮,输入代垫费用及相关内容,如图3.43所示。

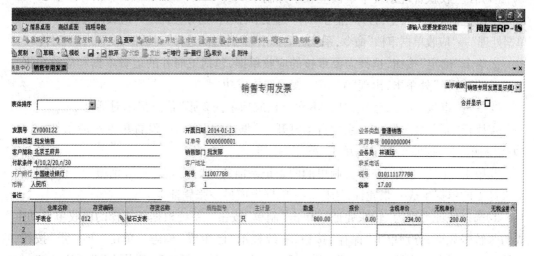

图3.42　第三笔业务销售专用发票

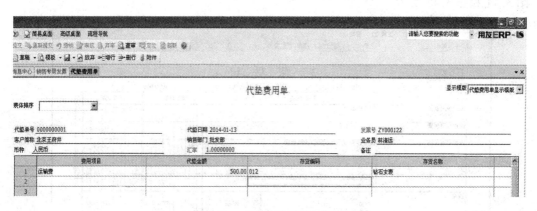

图3.43　"代垫费用单"窗口

⑩单击"保存"按钮,再单击"审核"按钮。

提示：

（i）代垫费用单可以通过在销售管理系统的发票窗口输入，生成销售专用发票保存后，单击"代垫"按钮，调出"代垫费用单"窗口，输入"代垫费用单"。

（ii）代垫费用单也可以通过执行"销售管理"→"代垫费用"→"代垫费用单"命令进行输入。

（iii）代垫费用单保存后自动生成其他应收单并传递至应收款管理系统。

（iv）销售管理系统只能记录代垫费用，但不能对代垫费用制单。其凭证需要在应收款管理系统中审核代垫费用单后，才能制单。

（4）在应收款管理系统中审核应收单并制单。

①在企业应用平台上，打开"业务工作"选项卡，执行"财务会计"→"应收款管理"→"应收单据处理"→"应收单据审核"命令，系统自动弹出"条件过滤选择"对话框，设置过滤条件。

②单击"确定"按钮，选择需要审核的应收单据，包括王府井的运费单据和应收单据，在记录的"选择"处单击，出现"Y"标志表示选择成功。

③单击"审核"按钮，系统弹出"本次审核成功单据2张"信息提示对话框。

④执行"制单处理"命令，系统自动打开"单据过滤"窗口。设置单据过滤条件，选择"发票制单"和"应收单制单"，单击"确定"按钮。

⑤单击"全选"按钮，在需要制单的两条记录前的"选择标志"栏分别填"1"和"2"，表示选择1的单据生成一张凭证，选择2的单据生成另一张凭证。

⑥选择凭证类别为"转账凭证"，单击"制单"按钮。系统根据所选择的应收单自动生成两张转账凭证，分别单击"保存"按钮，系统显示"已生成"标志。单击"下一张"按钮，在第二行科目名称栏输入"1001"，修改凭证类别为"付款凭证"，再单击"保存"按钮，如图3.44和图3.45所示。

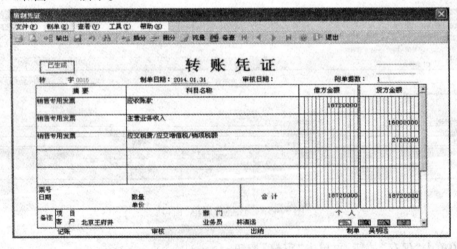

图3.44　根据应收单生成转账凭证

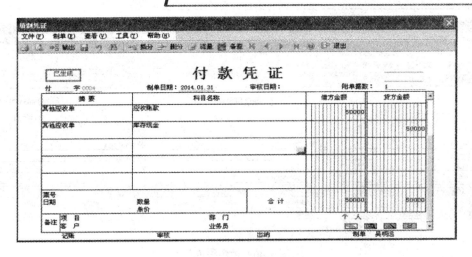

图 3.45　生成付款凭证

⑦执行"单据查询"→"凭证查询"命令,可以查询根据应收单生成的转账凭证。查询完毕后单击"退出"按钮。

4. 第四笔普通销售业务的处理

本业务是广州市东山百货公司向本公司订购永昌男衣和永昌男裤的业务,需要填制报价单和销售订单。

本业务处理流程:

①销售管理系统:销售报价单。

②销售管理系统:销售订单。

操作步骤如下:

(1)在销售管理系统中,执行"销售报价"→"销售报价单"命令,打开"填制报价单"窗口。

(2)单击"增加"按钮,输入表头信息。业务类型为"普通销售",销售类型为"批发销售",日期修改为"2014 年 1 月 15 日",客户是"广州市东山百货公司",税率为"17%"。标题中的存货为"永昌男衣",数量为"800",报价为 400 元/件;永昌男裤 800 条,报价为 280 元/条。

输入完毕后单击"保存"按钮,再单击"审核"按钮,如图 3.46 所示。

(3)执行"销售订货"→"销售订单"命令,打开"销售订单"窗口。

(4)单击"增加"按钮,再单击"生单"按钮,选择"报价",参照报价单生成销售订单,修改销售订单日期为 15 日,分别修改男衣和男裤的数量为 1 000,信息确认后单击"保存"按钮,再单击"审核"按钮。

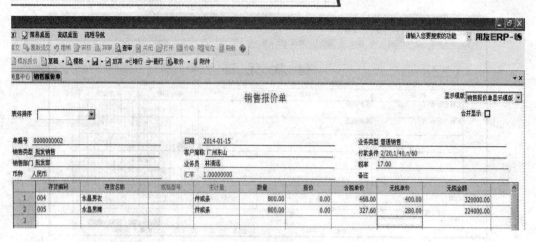

图3.46 销售报价单

5. 第五笔普通销售业务的处理

本笔业务需要根据第四笔业务的销售订单生成销售发货单,同时根据销售发货单生成销售专用发票和销售出库单。

本笔业务处理流程:

①销售管理系统:销售发货单。

②销售管理系统:销售专用发票及支付费用单。

③应收款管理系统:应收单审核与制单。

④库存管理系统:销售出货单。

操作步骤如下:

(1)在销售管理系统中填制销售发货单、销售专用发票和支付费用单。

①登录销售管理子系统,执行"销售发货"→"发货单"命令,打开"发货单"窗口。

②单击"增加"按钮,系统弹出"参照生单"窗口。

③在"参照生单"窗口中,单击"过滤"按钮,系统显示复核条件的销售订单,单击出现Y标志表示选中销售订单和相应的存货。若要选中多条存货,则要按住 Ctrl 键,如图3.47所示。

④单击"确定"按钮,系统自动参照销售订单生成销售发货单,修改发货日期为18日,输入发货仓库为"永昌服装仓",数量分别修改为"200"。单击"保存"按钮,再单击"审核"按钮,如图3.48所示。

⑤单击"退出"按钮,退出"销售发货单"窗口。

⑥执行"销售开票"→"销售专用发票"命令,进入销售专用发票窗口。

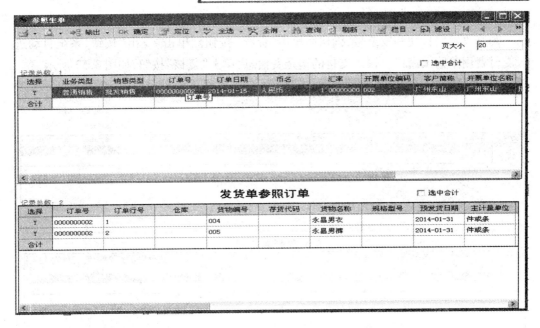

图 3.47 销售订单过滤

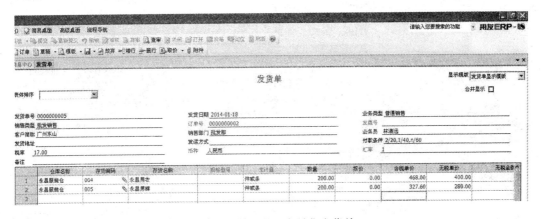

图 3.48 第五笔业务销售发货单

⑦单击"增加"按钮,系统显示"发票参照发货单"窗口。单击"过滤"按钮,系统显示复核条件的发货单,选中客户为广州市东山百货公司的发票单,同时在存货中选择"永昌男衣",如图 3.49 所示。

⑧单击"确定"按钮,系统自动根据所选发货单生成销售专用发票,修改日期和发票号,单击"保存"按钮,单击"现结",在"结算"窗口输入结算方式、结算金额等信息,单击"确定"按钮。最后单击"复核"按钮,确认并保存该专用发票,如图 3.50 所示。

⑨单击"增加"按钮,在发货单的过滤窗口中,选择广州市东山百货公司的发货单和

143

永昌男裤的存货单,如图3.51所示。选定后单击"确认"按钮。
⑩修改发票日期和发票号,确认后单击"保存"按钮。单击"支出"按钮,系统自动进入支付费用单输入窗口。输入支付的运杂费信息,单击"复核"按钮,如图3.52所示。

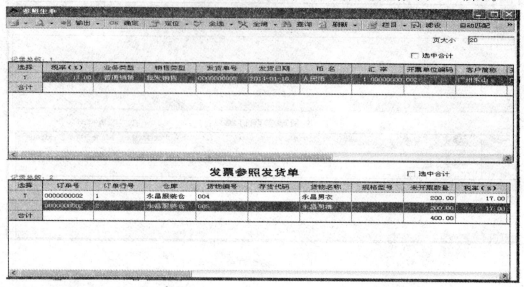

图3.49 拆单选择存货

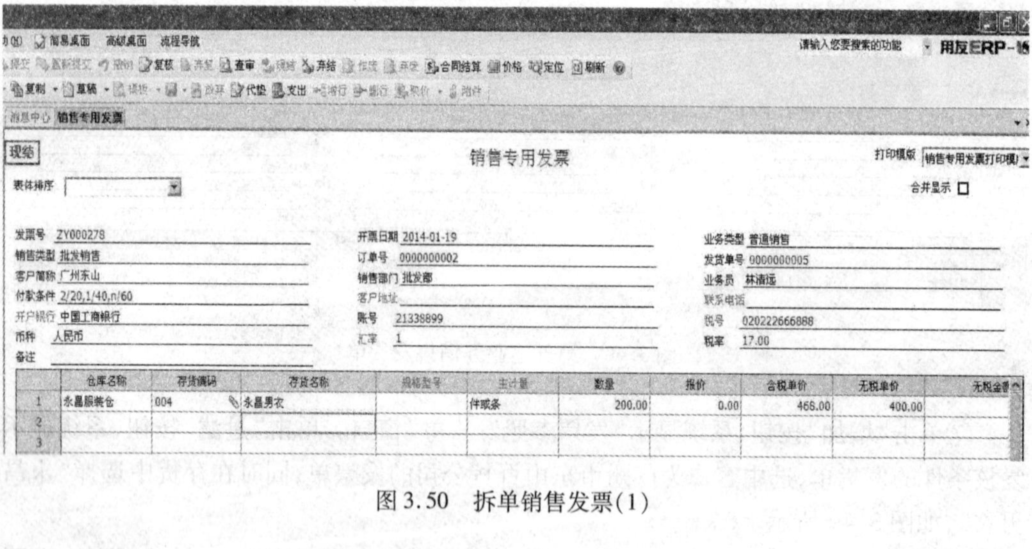

图3.50 拆单销售发票(1)

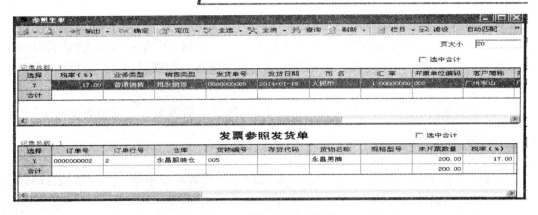

图 3.51　拆单选择发货单

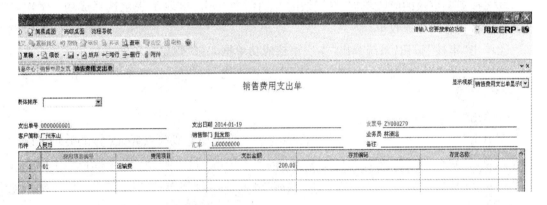

图 3.52　第五笔业务销售支出单

⑪销售支出单保存后,单击"退出"按钮,返回到"销售专用发票"界面。
⑫单击"复核"按钮,确认并保存该发票,如图 3.53 所示。

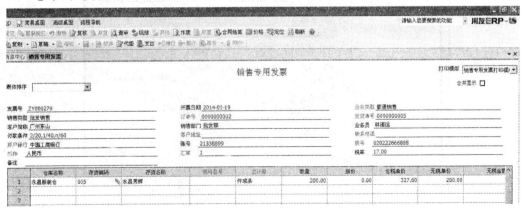

图 3.53　拆单销售发票(2)

提示：

（i）销售支出单可以通过发票界面直接单击"支出"按钮，在"销售费用支出"窗口中输入支付的各项费用。注意：输入时在费用项目处先选择费用项目，系统自动弹出费用项目编码。

（ii）销售支出单也可以在销售管理系统中通过执行"销售支出"→"销售支出单"命令输入费用支出信息。

（2）在应收款管理系统中审核并制单。

①启动应收款管理系统，执行"应收单据处理"→"应收单据审核"命令，系统自动弹出"应收单过滤条件"对话框。

②设置单据过滤条件，选择"包含现结发票"，单击"确定"按钮。

③选择需要审核的应收单据，在记录的"选择"处单击，出现 Y 表示选择成功。本次选择东山百货的两张应收单。

④单击"审核"按钮，系统弹出"本次审核成功单据 2 张"信息提示框。

⑤执行"制单处理"命令，系统自动打开"制单查询"对话框，设置单据过滤条件，选择"发票制单"及"现结制单"，如图 3.54 所示。

⑥单击"全选"按钮。

⑦单击"制单"按钮，系统根据所选择的现结制单自动生成收款凭证（凭证类别可以修改），单击"保存"按钮，系统显示"已生成"标志。单击"下一张"按钮，系统自动生成一张转账凭证（凭证类别修改为"转账凭证"），如图 3.55 和图 3.56 所示。制单完毕后单击"退出"按钮。

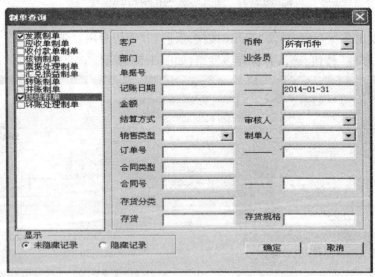

图 3.54　现结单据、应收单过滤

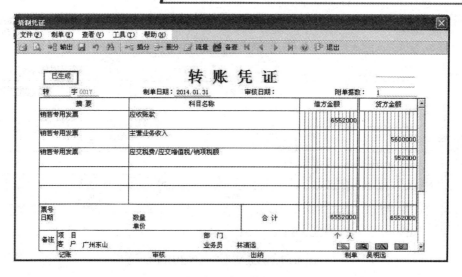

图 3.55 应收单凭证

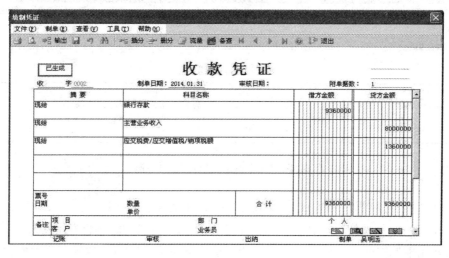

图 3.56 现结凭证

(3)销售出库单及结转销售成本。

①启动库存管理系统,执行"出库业务"→"销售出库单"命令,进入"销售出库单"窗口,系统根据发货单自动生成销售出库单,单击"审核"按钮,如图 3.57 所示。

②启动存货核算系统,执行"业务核算"→"正常单据记账"命令,系统自动弹出记账单据过滤对话框。设置过滤条件:永昌服装仓;专用发票。

③单击"过滤"按钮,系统显示复核条件的单据。选择需要记账的单据,如图 3.58 所示。单击"记账"按钮,再单击"退出"按钮。

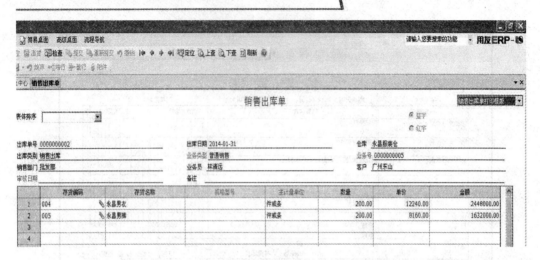

图 3.57 第五笔业务销售出库单

图 3.58 "正常单据记账列表"对话框

④执行"财务核算"→"生成凭证"命令,进入"生成凭证"窗口。

⑤单击"选择"按钮,进入生成凭证"查询条件"对话框,选择"销售专用发票"。

⑥单击"确定"按钮,系统弹出"未生成凭证单据一览表"窗口,选择需要生成凭证的单据,如图 3.59 所示。

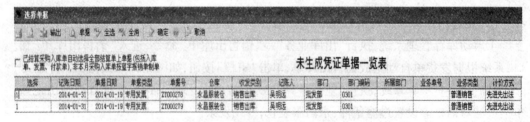

图 3.59 "未生成凭证单据一览表"对话框

⑦选择单据和凭证类型后,单击"确定"按钮,再单击"合成"按钮,核对入账科目是否

正确,或者补充输入入账科目,确定无误后单击"生成"按钮,系统自动生成一张结转销售成本的凭证。修改凭证类型为"转账凭证",单击"保存"按钮,系统显示"已生成"标志,如图3.60所示。

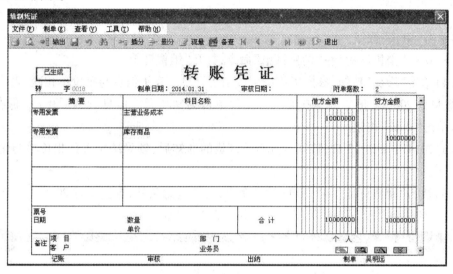

图3.60　结转销售成本凭证

⑧执行"财务核算"→"凭证列表"命令,可以查询生成的结转销售成本的凭证。

提示:

（ⅰ）记账后的单据在"正常单据记账"窗口不再显示。

（ⅱ）只有记账后的单据才能进行制单。

（ⅲ）存货核算系统制单时,单击"生成"按钮,表示每张销售出库单分别生成记账凭证;单击"合成"按钮,表示多张销售出库单合并生成一张记账凭证。

（ⅳ）如果存货科目和对方科目没有事先设置好,则在生成凭证界面可以手工补充输入会计科目或修改会计科目,以便保证生成的凭证完全正确。

6. 第六笔普通销售业务的处理

本币业务属于没有执行完毕中途关闭的业务。需要在销售管理系统中输入报价单及销售制单;对方撤销订单后删除报价单和销售订单,或者执行订单关闭。

本笔业务处理流程:

①销售管理系统:填制并审核销售报价单。

②销售管理系统:参照生成并审核销售订单。

③销售管理系统:关闭销售订单。

操作步骤如下:

（1）在销售管理系统中,执行"销售报价"→"销售报价单"命令,打开"填制报价单"

窗口。

（2）单击"增加"按钮，输入表头和表头信息，业务类型为"普通销售"，销售类型为"批发销售"，日期修改为"2014年1月20日"，客户是"烟台市大山百货公司"，税率为"17%"。表体中的存货为永昌男套装，数量为200套，报价为900元/套。单击"保存"按钮，再单击"审核"按钮。

（3）执行"销售订货"→"销售订单"命令，打开"销售订单"窗口。

（4）单击"增加"按钮，参照报价单生成销售订单。表头信息与报价单相同，表体中的订购数量为200套，报价为900元/套，无税单价为900元。信息确认后单击"保存"按钮，再单击"审核"按钮。

（5）2014年1月23日，接到对方撤销订货的通知后，领导决定关闭报价单与销售订单。

（6）执行"销售订货"→"订单列表"命令，设置过滤条件，查询1月20日烟台市大山百货公司的销售订单，单击"关闭"按钮，如图3.61所示。

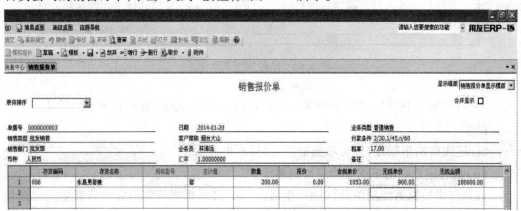

图3.61 销售订单关闭

提示：

（i）报价单及销售订单均有五种状态，即录入、未审核、已审核、已执行及关闭。

（ii）已经关闭的订单表示该项业务已经执行完毕或者无法执行。

7. 账套备份

在"C:\供应链账套备份"文件中新建"666-3-2普通销售业务（一）"文件夹。将账套输出至"C:\供应链账套备份\666-3-2普通销售业务（一）"文件夹中。

任务三 普通销售业务(二)

【实验准备】

在完成第三章任务二操作的基础上,或者引入光盘中的 666-3-2 账套备份数据。将系统日期修改为 2014 年 1 月 31 日,以操作员(密码为1)的身份登录 666 账套的"企业应用平台"。

【实验要求】

1. 在销售管理系统中取消普通销售必有订单。
2. 在库存管理系统中取消销售生成出库单。
3. 开具销售专用发票并复核。
4. 确认及收取应收款项。
5. 生成销售出库单。
6. 根据销售出库单确认销售成本(存货采用先进先出法核算)。
7. 备份账套。

【实验资料】

(1)2014 年 1 月 13 日,北京王府井百货公司派采购员到本公司订购钻石男表1 000只,本公司报价190元/只,经协商,双方认定的价格为180元/只,本公司开具销售专用发票(ZY000299),收到双方的转账支票(ZZ0011278)。采购员当日提货(手表仓)。

(2)2014 年 1 月 13 日,烟台市大山百货公司采购员到本公司采购钻石女表 800 只,本公司报价 220 元/只,双方经协商价格为 210 元/只,本公司开具销售专用发票(ZY000378),于 25 日、28 日分两批发货(手表仓),每次发货 400 只。对方答应收到货物后,全额支付本次款项和前欠款项。

(3)2014 年 1 月 25 日,广州市东山百货公司有意向本公司订购永昌女套装800套。本公司报价 500 元/只,经双方协商,最后以 450 元/只成交。26 日收到对方的电汇(DH001899),本公司开具销售专用发票(ZY000466)。

(4)2014 年 1 月 27 日,给广州东山百货公司发货(永昌服装仓),确认永昌女套装出库成本。

(5)2014 年 1 月 28 日,广州东山百货公司向本公司订购奥尔马男表500只、女表500只。本公司报价为:奥尔马男表 1 050 元/只,奥尔马女表 950 元/只。双方协商订购价为男表1 000元/只,女表 900 元/只。本公司于 29 日开具销售专用发票(ZY000578),对方于当日提女表500只,男表尚未提货。

【实验指导】

本任务主要包括开票直接发货及先开票后发货的销售业务,这两类业务都可以开具发票,系统根据发票自动生成发货单,根据发货单系统参照生成销售出库单。这两类业务可以是现销业务,也可以是赊销业务。如果存货采用先进先出法核算,也可以随时结转销售成本。

本任务需要直接由手工开具发票,因此,必须将销售管理系统的"普通销售必有订单"项取消,同时取消库存管理系统的"销售生成出库单"选项。这样就可以进行手工开具销售发票操作。

1. 第一笔普通销售业务的处理

本笔业务属于开票直接发货的普通销售业务,可以直接开具销售专用发票,由销售发票生成销售发货单、销售出库单、确认收入及收取价税款。

本笔业务处理流程:

①销售管理系统:取消"普通销售必有订单"和"销售生成出库单"。
②销售管理系统:开具销售专用发票并现结。
③销售管理系统:开具销售发货单。
④库存管理系统:开具销售出库单。
⑤应收款管理系统:审核应收单并制单,并传递至总账系统。

操作步骤如下:

(1)在销售管理系统中,执行"设置"→"销售选项"命令,取消"普通销售必有订单"和"销售生成出库单"选项,如图3.62所示,然后单击"确认"按钮。

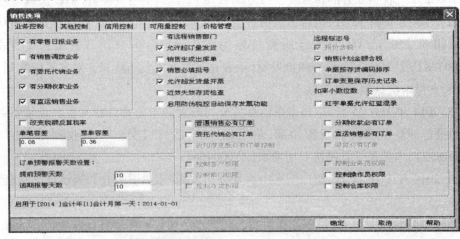

图3.62 修改"销售管理选项"对话框

（2）单击"增加"按钮，系统自动弹出"参照生单"对话框，单击"取消"按钮，关闭该对话框，进入"销售专用发票"窗口。

（3）手工输入发票的表头和表体信息。业务类型为"普通销售"，销售类型为"经销商批发"，客户为"北京王府井百货公司"，开票日期为"2014年1月13日"，发票号为"ZY000299"，销售部门为"批发部"。手表仓钻石男表1 000只，报价为190元/只，无税单价为180元。全部信息输入后，单击"保存"按钮。

（4）单击"现结"按钮，打开"现结"窗口，输入结算方式为"转账支票"（ZZ0011278），全额支付，银行账号为王府井百货公司银行账号（11007788），如图3.63所示。输入完毕后单击"确定"按钮。

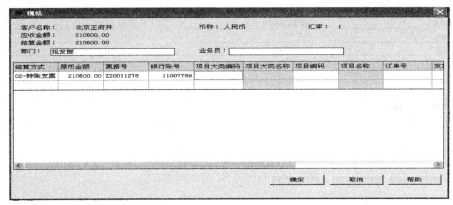

图3.63　"现结"窗口

（5）发票上自动显示"现结"标志，单击"复核"按钮，如图3.64所示。

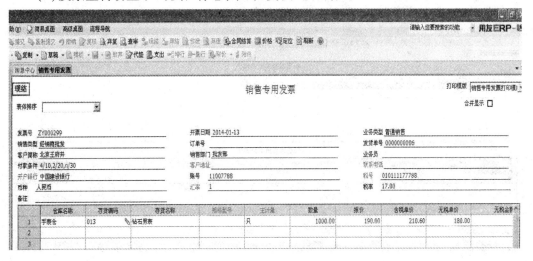

图3.64　"销售专用发票"对话框

(6)执行"销售发货"→"发货单"命令,进入"发货单"窗口,系统根据复核后的销售专用发票,自动生成一张已经审核的销售发货单,如图3.65所示。单击"退出"按钮,退出销售管理系统。

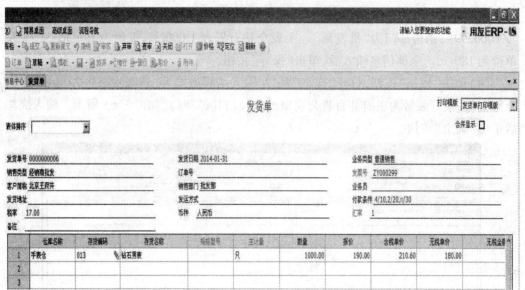

图3.65 根据销售发票生成发货单

(7)启动库存管理系统,执行"库存业务"→"销售出库单"命令,进入"销售出库单"窗口。

(8)单击"生单"按钮,系统显示"单据过虑"对话框,单击"过滤"按钮,系统显示符合条件的单据,选中单据表头,系统显示单据内容,如图3.66所示。

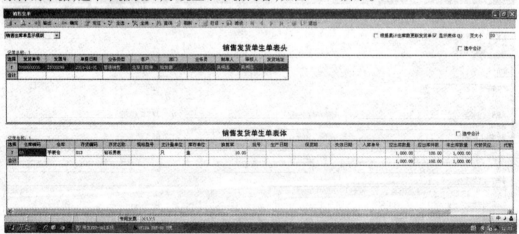

图3.66 出库单生单单据过滤

（9）选中销售发货单后单击"确定"按钮，系统根据所选发货单生成一张未保存的销售出库单。单击"保存"按钮，再单击"审核"按钮，如图 3.67 所示。

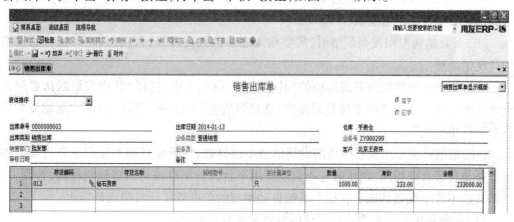

图 3.67　根据发货单生成销售出库单

（10）启动应收款管理系统，执行"应收单据处理"→"应收单据审核"命令，系统自动弹出"条件过滤选择"对话框。

（11）设置单据过滤条件，选择"包含已现结发票"复选框，单击"确定"按钮。

（12）选择需要审核的应收单据，双击该记录的"选择"栏，出现"Y"标志表示已选中。

（13）单击"审核"按钮，系统显示"本次审核成功单据 1 张"信息提示框。

（14）执行"制单处理"命令，系统自动开"制单查询"对话框，设置单据过滤条件，选择"现结制单"。选择单据后单击"制单"按钮，在生成凭证界面修改凭证类型为"收款凭证"，然后单击"保存"按钮，如图 3.68 所示。

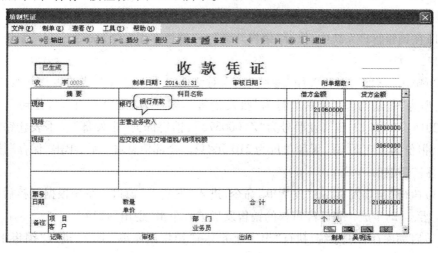

图 3.68　现结制单

提示:

(i) 只有在基础档案中设置了开户银行、税号等信息的客户,才能开具销售专用发票,否则,只能开具普通发票。

(ii) 开具销售专用发票现结时,需要输入客户的银行账号,否则,只能开具普通发票进行现结处理。

(iii) 如果在销售管理系统选项的"其他控制"选项卡中,选择"新增发票默认参照发货单生成",则新增发票时系统自动弹出"选择发货单"对话框。系统默认为"新增发票默认参照订单生成"。

(iv) 根据销售专用发票生成的发货信息不能修改,发货单日期为操作业务日期。如果需要与发票日期相同,则注册进入企业应用平台的日期应该与发票日期相同,否则,发货单日期不等于发票日期。其他由系统自动生成的单据或凭证日期也是如此。

(v) 根据销售专用发票自动生成的发货单信息不能修改。

(vi) 根据发货单生成销售出库单时,可以修改出库数量,即可以处理分次出库业务。

2. 第二笔普通销售业务的处理

本笔业务属于开票直接发货的普通销售业务,可以直接开具销售专用发票,由销售发票生成销售发货单,分次生成销售出库单,确认应收账款。

本笔业务处理流程:

①销售管理系统:开具销售专用发票。
②销售管理系统:生成销售发货单。
③库存管理系统:分次生成销售出库单。
④应收款管理系统:审核应收单、制单,并传递到总账系统。

操作步骤如下:

(1) 在销售管理系统中,执行"销售开票"→"销售专用发票"命令,进入"销售专用发票"窗口。

(2) 单击"增加"按钮,关闭"参照生单"对话框。手工输入发票的表头和表体信息。业务类型为"普通销售",销售类行为"批发销售",客户为"烟台大山百货公司",开票日期为"2014年1月23日",发票号为"ZY000378",销售部为"批发部"。手表仓钻石女表800只,报价为220元/只,无税单价为210元/只。全部信息输入后,单击"保存"按钮,再单击"复核"按钮。

(3) 执行"销售发货"→"发货单"命令,进入"发货单"窗口。系统根据复核后的销售专用发票,自动生成一张已经审核的销售发货单。单击"退出"按钮。

(4) 启动库存管理系统,执行"出库业务"→"销售出库单"命令,进入"销售出库单"窗口。

(5) 单击"生单"下的三角按钮,选中"销售生单",系统显示单据过滤对话框,输入过滤条件后单击"过滤"按钮,进入销售发货单生单列表,双击"选择"栏,选中一条发货单,如图3.69所示。

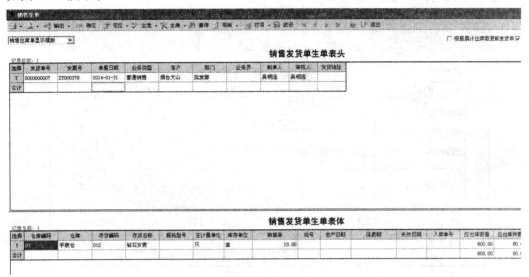

图3.69　出库单生单单据过滤

(6)单击"确定"按钮,系统根据所选发货单生成一张未保存的销售出库单,修改发货单数量为400。单击"保存"按钮,再单击"审核"按钮,如图3.70所示。

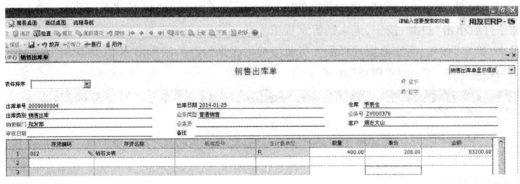

图3.70　分次生成销售出库单(1)

(7)启动应收款管理系统,执行"应收单据处理"→"应收单据审核"按钮,系统自动弹出"条件过滤选择"对话框。

(8)设置单据过滤条件,单击"确定"按钮。

(9)选择需要审核的应收单据,双击记录的"选择"栏,出现"Y"标志表示已选中。

(10)单击"审核"按钮,系统弹出"本次审核成功单据1张"信息提示框。

(11)执行"制单处理"命令,系统自动打开单据过虑窗口,设置单据过滤调条件,选择

"发票制单"。选择单据后单击"制单"按钮，在生成的凭证界面修改凭证类型为"转账凭证"，然后单击"保存"按钮，如图3.71所示。

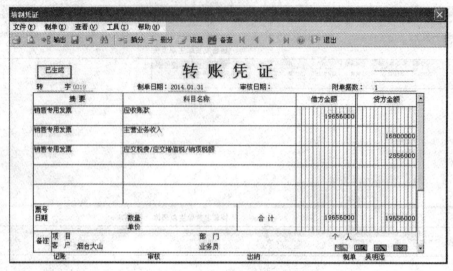

图3.71 第二笔业务应收单制单

（12）28日，在库存管理系统中，执行"出库业务"→"销售出库单"命令，进入"销售出库单"窗口。

（13）单击"生单"按钮，选中弹出的"销售生单"，系统显示"单据过滤"窗口。输入过滤条件后单击"过滤"按钮，进入销售发货单生单列表，双击"选择"栏，选中一条发货单。单击"确定"按钮，系统根据选择的发货单生成一张未保存的销售出库单，数量为400。单击"保存"按钮，再单击"审核"按钮，如图3.72所示。

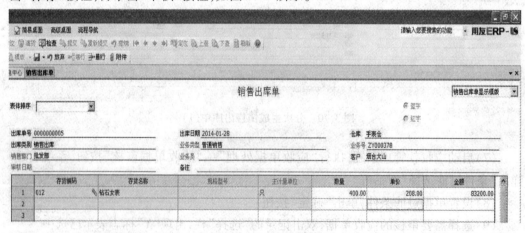

图3.72 分次生成销售出库单（2）

第三章 销售管理

3. 第三笔普通销售业务的处理

本笔业务属于开票现销的普通销售业务,需要开具销售专用发票,进行现结,根据应收单确认收入并制单。

本笔业务处理流程：

①销售管理系统：开具销售专用发票并现结。

②应收款管理系统：审核应收单并制单。

操作步骤如下：

(1)在销售管理系统中,执行"销售开票"→"销售专业发票"命令,进入"销售专用发票"窗口。

(2)单击"增加"按钮,取消"参照生单"对话框。手工输入发票的表头和表体信息。业务类型为"普通销售",销售类型为"批发销售",客户为"广州东山百货公司",开票日期为"2014 年 1 月 25 日",发票号为"ZY000466",销售部门为"批发部",税率为"17%"。永昌服装仓永昌女套装 800 套,报价为 500 元/套,无税价为 450 元/套。全部信息输入后,单击"保存"按钮。

(3)单击"现结"按钮,打开"现结"窗口,输入结算方式为"电汇"(DH001899),结算金额为"421 200",输入完毕,单击"确定"按钮。

(4)发票上自动显示"现结"字样,单击"复核"按钮,如图 3.73 所示。

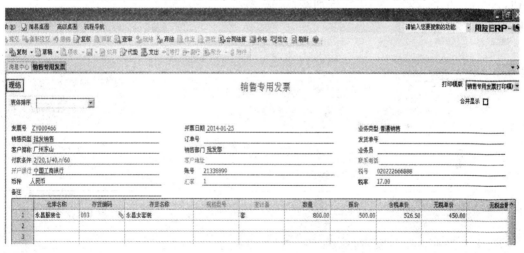

图 3.73 第三笔业务销售专用发票

(5)启动应收款管理系统,执行"应收单据处理"→"应收单据审核"命令,系统自动弹出"条件过滤选择"对话框。

(6)设置单据过滤条件,选择"包含已现结发票"复选框,单击"确定"按钮。

(7)选择需要审核的应收单据,双击记录的"选择"栏,出现"Y"标志表示已选中。

(8)单击"审核"按钮,系统弹出"本次审核成功单据1张"信息提示框。

(9)执行"制单处理"命令,系统自动打开"单据过虑"对话框,设置单据过滤条件,选择"现结制单"。选择单据后单击"制单"按钮,在生成凭证界面修改凭证类型为收款凭证,单击"保存"按钮,确认并保存收款凭证信息。

4. 第四笔普通销售业务的处理

本笔业务是第三笔业务的延续。根据销售专用发票生成销售发货单、销售出库单和结转销售成本。

操作步骤如下:

(1)在销售管理系统中,执行"销售发货"→"发货单"命令,进入"发货单"窗口。系统根据复核后的销售专用发票,自动生成一张已经审核的销售发货单。单击"退出"按钮。

(2)启动库存管理系统,执行"出库业务"→"销售出库单"命令,进入"销售出库单"窗口。

(3)单击"生单"按钮,选中弹出的"销售生单",系统显示单据过滤对话框。输入过滤条件后单击"过滤"按钮,进入销售发货单生单列表,双击"选择"栏,选中一条发货单。单击"确定"按钮,系统根据所选发货单生成一张未保存的销售出库单。单击"保存"按钮,再单击"审核"按钮,如图3.74所示。

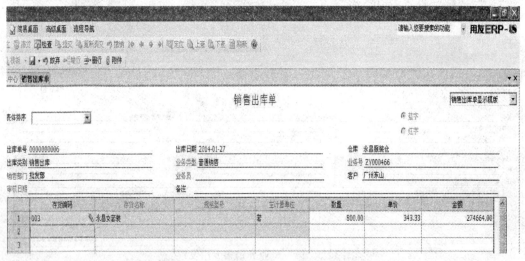

图3.74 第四笔业务销售出库单

(4)启动存货核算系统,执行"业务核算"→"正常单据记账"命令,系统自动弹出"记账单据过滤"窗口。设置过滤条件:永昌服装仓;销售专用发票。

(5)单击"确定"按钮,系统显示符合条件的单据。选择需要记账的单据,单击"记账"按钮,再单击"退出"按钮。

(6)执行"财务核算"→"生成凭证"命令,进入"生成凭证"窗口。

(7)单击"选择"按钮,进入生成凭证"查询条件"对话框,选择"销售专用发票"。

(8)单击"确定"按钮,系统打开"未生成凭证单据一览表"窗口,选择需要生成凭证的单据。

(9)选择单据、凭证类型后,单击"确定"按钮,再单击"合成"按钮,核对入账科目是否正确,或者补充输入入账科目。确定无误后再单击"生成"按钮,系统自动生成一张结转销售成本的凭证。修改凭证左上角显示"已生成"标志,如图3.75所示。单击"退出"按钮。

(10)执行"财务核算"→"凭证列表"命令,可以查询生成的结转销售成本的凭证。

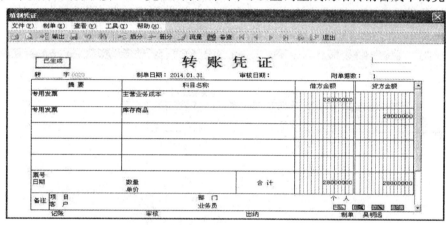

图3.75　第四笔业务结转销售成本凭证

5. 第五笔普通销售业务的处理

本笔业务属于开票直接销售的普通销售业务,需要开具销售专用发票、生成发货单及销售出库单,确认应收账款并制单。

本笔业务处理流程:

①销售管理系统管理:开具销售专用发票。

②销售管理系统:开具销售发货单。

③库存管理系统:开具销售出库单。

④应收款管理系统:审核应收单并制单。

操作步骤如下:

(1)在销售管理系统中,执行"销售开票"→"销售专用发票"命令,进入"销售专用发票"窗口。

(2)单击"增加"按钮,关闭"参照生单"对话框。手工输入发票的表头和表体信息,业务类型为"普通销售",销售类型为"批发销售",客户为"广州市东山百货公司",开票日期为"2014年1月29日",发票号为"ZY000578",销售部门为"批发部"。手表仓奥尔马男、女表各500只,男表报价为1 050元/只,无税价为1 000元/只;女表报价为950元/只,无税价为900元/只。全部信息输入后,单击"保存"按钮,再单击"复核"按钮。

(3)执行"销售发货"→"发货单"命令,进入"发货单"窗口,系统根据复核后的销售专用发票,自动生成一张已经审核的销售发货单。单击"退出"按钮。

(4)启动库存管理系统,执行"出库业务"→"销售出库单"命令,进入"销售出库单"窗口。

(5)单击"生单"下三角按钮,选中弹出的"销售生单",系统显示"单据过滤"窗口。输入过滤条件后单击"过滤"按钮,进入销售发货单生单列表。双击"选择"栏,选中一条女表的发货单,如图3.76所示。

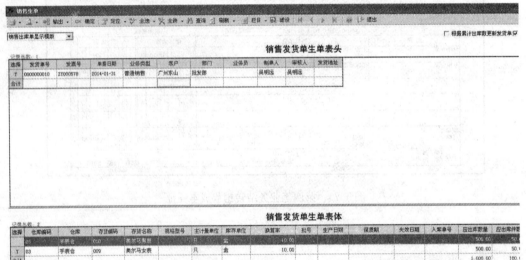

图3.76 发货单生单列表

(6)单击"确定"按钮,系统根据所选发货单生成一张未保存的销售出库单。单击"保存"按钮,如图3.77所示。单击"退出"按钮。

(7)启动应收款管理系统,执行"应收单据处理"→"应收单据审核"命令,系统自动弹出"条件过滤选择"对话框。

(8)设置单据过滤条件,单击"确定"按钮。

(9)选择需要审核的应收单据,双击记录的"选择"栏,出现"Y"标志表示已选中。单击"审核"按钮,系统弹出"本次审核成功单据1张"信息提示框。

(10)单击"制单处理",系统自动打开单据过滤条件,选择"发票制单"。选择单据后单击"制单"按钮,在生成的凭证界面修改凭证类型为"转账凭证",然后单击"保存"按钮,如图 3.78 所示。

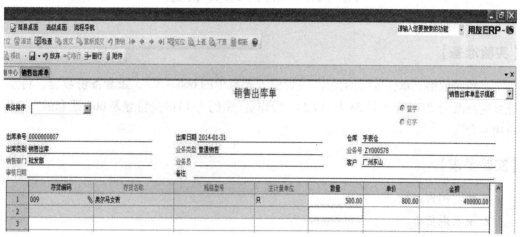

图 3.77　第五笔业务的销售出库单

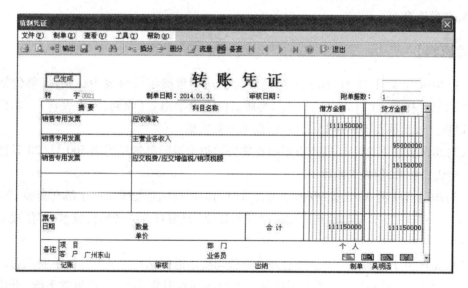

图 3.78　第五笔业务应收单凭证

6. 账套备份

在"C:\供应链账套备份"文件夹中新建"666 - 3 - 3 普通销售业务(二)"文件夹。将账套输出至"C:\供应链账套备份\666 - 3 - 3 普通销售业务(二)"文件夹中。

任务四　销售退货业务

【实验准备】

已经完成第三章任务三的操作,或者引入光盘中的666-3-3账套备份数据。将系统日期修改为2014年1月31日,以111操作员(密码为1)的身份登录666账套的"企业应用平台"。

【实验要求】

1. 普通销售退货。
2. 录入退货单。
3. 录入或生成红字发票并复核。
4. 审核红字应收单并制单。
5. 备份账套。

【实验资料】

(1)2014年1月15日,向上海昌运贸易公司销售奥尔马男表360只,订单价格为1 020元,已经提货。1月25日,对方因为质量问题全部退货(收到,入手表仓)。本公司同意退货。该批手表于1月15日发货,尚未开具发票。

(2)2014年1月30日,广州市东山百货公司提出退回奥尔马男表500只(28日已经开票、生成发货单,但尚未出库)。

(3)2014年1月30日,广州市东山百货公司因质量问题要求退回永昌女套装10套。该套装已于本月26日开具销售专用发票并收款,27日发货并结转销售成本(单位成本为350元)。

(4)2014年1月31日,北京王府井百货公司要求退回钻石男表10只(手表入仓),该男表已于本月13日开具销售发票并收款。本公司同意退货,同时办理退款手续(开出一张现金支票XJ010)。

【实验指导】

销售退货业务包括普通销售退货和委托代销退货业务。普通销售退货分为开具发票前退货和开具发票后退货;委托代销退货业务分为委托代销结算前退货和委托代销结算后退货。不同阶段发生的退货业务的处理方式不完全相同。

先发货后开票业务模式下的退货处理流程如下:

(1)填制退货单,审核该退货单。

(2)根据退货单生成红字销售出库单,传递至库存管理系统。

(3)填制红字销售发票,复核后的红字销售发票自动传递至应收款管理系统。

(4)红字销售发票经审核,形成红字应收款。

(5)红字销售出库单在存货核算系统记账,进行成本处理。

开票直接发货业务模式下的退货处理流程如下:

(1)填制红字销售发票,复核后自动生成退货单。

(2)生成红字销售出库单。

(3)复核后的红字销售发票自动传递至应收款管理系统,审核后形成红字应收款。

(4)审核后的红字出库单在存货核算系统记账,进行成本处理。

1. 第一笔退货业务的处理

本笔业务属于已经发货尚未开票的全额退货业务。首先需要输入销售订单,根据退货单自动生成红字销售出库单。

本笔业务处理流程如下:

①销售管理系统:填制并审核销售订单。

②销售管理系统:参照订单生成发货单。

③库存管理系统:生成并审核销售出库单。

④销售管理系统:填制并审核退货单。

⑤库存管理系统:生成并审核红字销售出库单。

操作步骤如下:

(1)启动企业应用平台,打开"业务工作"选项卡,执行"供应链"→"销售管理"→"销售订货"→"销售订单"命令,进入"销售订单"窗口。

(2)单击"增加"按钮,输入销售订单表头和表体内容。

(3)单击"保存"按钮,再单击"审核"按钮。

(4)执行"销售发货"→"发货单"命令,单击"增加"按钮,系统自动弹出"参照订单"窗口。选择上海昌运贸易公司销售订单,单击"确定"按钮,生成发货单。补充输入仓库信息后,单击"保存"按钮,再单击"审核"按钮。

(5)启动库存管理系统,执行"出库业务"→"销售出库单"命令,进入"销售出库单"窗口。

(6)单击"生单"按钮,选择上海昌运贸易公司的发货单。确认生单后,审核销售出库单。

(7)1月25日,对方退货。启动销售管理系统,执行"销售发货"→"退货单"命令,进入"退货单"窗口。

(8)单击"增加"按钮,系统自动显示退货单参照发货单窗口。单击"过滤"按钮,选择上海昌运贸易公司1月15日的发货单,如图3.79所示。

图3.79 选择发货单

(9)单击"确定"按钮,系统自动生成退货单,修改退货日期为25日。单击"保存"按钮,再单击"审核"按钮,如图3.80所示。

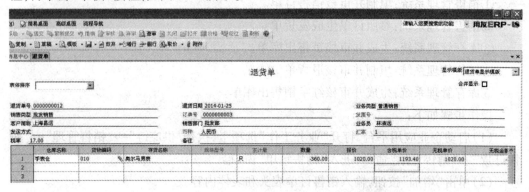

图3.80 "退货单"对话框

(10)启动库存管理系统,执行"出库业务"→"销售出库单"命令,进入"销售出库单"窗口。

(11)单击"生单"按钮,系统显示"销售生单"窗口,选择上海昌运贸易公司25日的发货单,如图3.81所示。

(12)单击"确定"按钮,确认后系统根据退货单生成红字销售出库单。单击"审核"按钮,如图3.82所示。

(13)退出库存管理系统。

第三章　销售管理

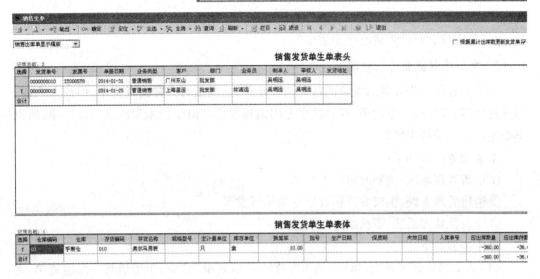

图 3.81　选择退货单

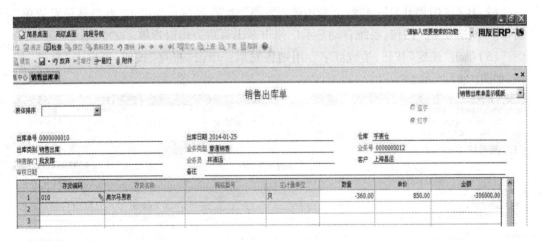

图 3.82　红字销售出库单

提示：

（i）退货单上的存货数量应该为负数，退货单上的金额可以小于或等于零。

（ii）退货单可以参照销售订单或发货单生成，也可以直接手工输入。参照生成时，单击退货单窗口上的"订单"按钮或"发货"按钮，即可参照选择相关单据生成退货单。

（iii）退货单可以参照一张或多张发货单记录生成，如果销售选项设置为"普通销售必有订单"，则退货单必须参照原发货单或订单生成。

（iv）参照销售订单生成的退货单或手工输入的退货单可以生成红字发票。

（v）参照发货单生成的退货单直接冲减原发货单数量，因而该退货单无法生成红字销售发票，但该退货单可以在"发货单列表"中查询。

（vi）如果销售选项中设置了"销售生成出库单"，则发货单审核时自动生成销售出库单；退货单审核时自动生成红字销售出库单。

2. 第二笔退货业务的处理

本笔业务属于先开票后发货的普通销售业务，已经给对方开出发货单，但尚未入库，因此退货时，需要输入退货单，开具红字专用销售发票。由于尚未生成销售出库单，所以不必生成红字销售出库单。

本笔业务流程如下：

①销售管理系统：填制并审核退货单。

②销售管理系统：生成并复核红字专用销售发票。

③应收款管理系统：审核红字应收单并制单。

操作步骤如下：

（1）启动销售管理系统，执行"销售发货"→"退货单"命令，手工填制一张退货单，无税单价为1 050元，单击"审核"按钮。

（2）执行"销售开票"→"红字专用销售发票"命令，系统自动提示"发票参照发货单"窗口。单击"过滤"按钮，系统自动显示广州市东山百货公司退货单。

（3）单击"确定"按钮，生成红字专用销售发票。单击"报存"按钮，再单击"复核"按钮，如图3.83所示。

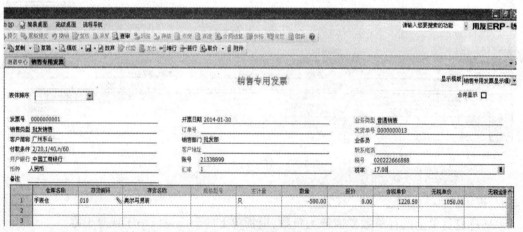

图3.83 红字专用销售发票

（4）启动应收款管理系统，执行"应收单据处理"→"应收单审核"命令，系统自动弹出"单据过滤"对话框。设置过滤条件后，单击"确定"按钮，进入应收单审核窗口。选择广州市东山百货公司销售专用发票，单击"审核"按钮，系统弹出"本次成功审核单据1张"信息提示框。单击"退出"按钮。

（5）执行"制单处理"命令，设置过滤条件为"发票制单"，单击"确定"按钮，进入制单单据选择窗口。

（6）在所选单据的"选择标志"处输入"1"，选择凭证类型为"转账凭证"。单击"制单"按钮，系统生成一张红字冲销凭证，单击"保存"按钮，如图3.84和图3.85所示。

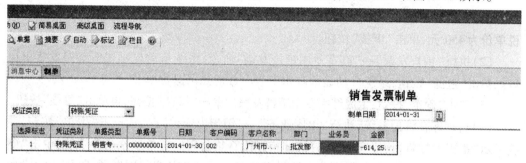

图3.84　选择红字应收单

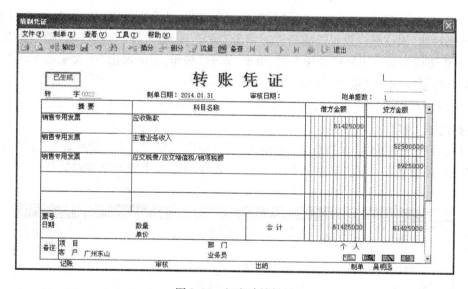

图3.85　红字冲销凭证

3．第三笔退货业务的处理

本笔业务属于先开票后发货的销售退货业务，根据任务三中第三笔普通销售业务的处理，对退货业务进行处理。本笔业务需要手工输入退货单，开具或生成红字销售出库单，冲减收入和应收账款，并冲销已经结转的销售成本。

本笔业务处理流程如下：

①销售管理系统：填制并审核退货单。

②销售管理系统：生成并复核红字专用销售发票。

③库存管理系统：生成并审核红字销售出库单。

④应收款管理系统:审核红字应收单并制单。
⑤存货核算系统:记账并生成冲销结转成本凭证。

操作步骤如下:

(1)在销售管理系统中,执行"销售发货"→"退货单"命令,手工填制一张退货单,无税单价为450元,单击"审核"按钮。

(2)执行"销售发票"→"红字专用销售发票"命令,系统自动显示发票参照发货单窗口。单击"过滤"按钮,系统自动显示广州市东山百货公司退货单。

(3)单击"确定"按钮,生成红字专用销售发票。单击"保存"按钮,再单击"复核"按钮。

(4)启动库存管理系统,执行"出库业务"→"销售出库单"命令,单击"生单"按钮,系统显示"销售发货单列表"窗口,选择广州市东山百货公司发货单和永昌女套装,单击"确定"按钮,确认生单后,系统自动生成销售出库单。单击"审核"按钮,再单击"退出"按钮。

(5)启动应收款管理系统,执行"应收单据处理"→"应收单审核"命令,系统自动弹出"单据过滤"对话框。设置过滤条件后单击"确定"按钮,进入"应收单审核"窗口。选择广州市东山百货公司销售专用发票,单击"审核"按钮,系统弹出"本次成功审核单据1张"信息提示框,单击"退出"按钮。

(6)执行"制单处理"命令,设置过滤条件为"发票制单"。单击"确定"按钮,进入"制单单据选择"窗口。

(7)在所选单据的"选择标志"处输入"1",选择凭证类型为"转账凭证",单击"制单"按钮,系统生成一张红字冲销凭证。单击"保存"按钮,生成红字冲销凭证,如图3.86所示。

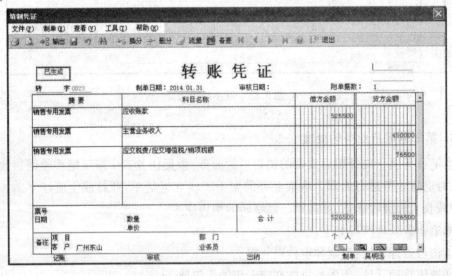

图3.86 第三笔业务红字冲销凭证

(8)启动存货核算系统,执行"业务核算"→"正常单据记账"命令,选择永昌服装仓销售专发票记账,手工输入永昌女套装的单价为 350 元。记账后单击"退出"按钮。

(9)执行"财务核算"→"生成凭证"命令,单击"选择"按钮,在"生单单据选择"窗口中选择"销售专用发票",单击"确定"按钮。在"未生成凭证单据一览表"窗口中,选择"永昌服装仓",其"选择"栏显示"1",单击"确定"按钮。

(10)在"生成凭证"窗口,选择凭证类型为"转账凭证"。单击"生成"按钮,系统自动生成一张红字凭证,冲销以结转销售成本,如图 3.87 所示。

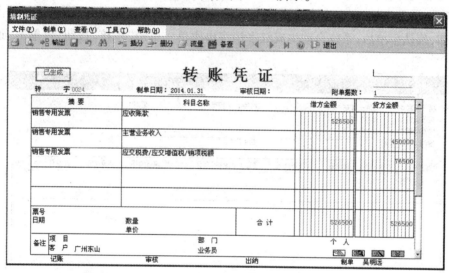

图 3.87 红字结转成本凭证

4. 第四笔退货业务的处理

本币退货业务属于开票直接销售的退货业务,并且已经接收取款项。因此根据原始业务即任务三中的第一笔业务的处理,本笔业务需要手工输入退货单,开具或生成红字专用销售发票,生成红字销售出库单,重建收入和收取的款项。

本币业务流程处理如下:

①销售管理系统:填制并审核退货单。

②销售管理系统:生成并复核红字专用销售发票。

③库存管理系统:生成并审核红字销售出库单。

④应收款管理系统:审核红字应收单并制单。

操作步骤如下:

(1)在销售管理系统中,执行"销售发货"→"退货单"命令,手工填制一张退货单,无税单价为 180 元,单击"审核"按钮。

(2)执行"销售发票"→"红字专用销售发票"命令,系统自动显示"发票参照发货单"

窗口。单击"过滤"按钮,系统自动显示北京王府井百货公司退货单。

(3)单击"确定"按钮生成红字专用销售发票,单击"保存"按钮,再单击"现结"按钮,在"现结"对话框中,输入结算方式为"现金支票",结算号为"XJ010",并输入负数结算金额,即退款金额(-2 106元),如图3.88所示。

(4)结算信息输入完毕后单击"确定"按钮。在生成的红字发票上单击"复核"按钮,确认红字专用发票,并退出销售管理系统。

(5)启动库存管理系统,执行"出库业务"→"销售出库单"命令,单击"生单"按钮,系统显示"销售发货单"列表窗口。选择北京王府井百货公司发货单和钻石男表,单击"确定"按钮,确认生单后,系统自动生成红字销售出库单。单击"审核"按钮,再单击"退出"按钮。

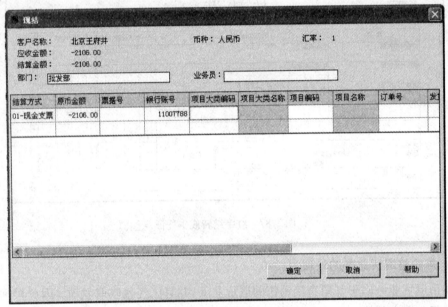

图3.88 销售退款现结

(6)启动应收款管理系统,执行"应收单据处理"→"应收单审核"命令,系统自动弹出"单据过滤"对话框。设置过滤条件后,选择"包含已现结发票"复选框,单击"确定"按钮。

(7)进入"应收单审核"窗口,选择需要审核的应收单据,即北京王府井百货公司销售专用发票,双击该记录的"选择"栏,出现"Y"标志表示已选中。再点击"审核"按钮,系统弹出"本次成功审核1张单据",单击"退出"按钮。

(8)执行"制单处理"命令,系统自动打开"单据过滤"对话框,设置单据过滤条件,选择"现结制单"。在所选择单据的"选择"栏输入"1",单击"制单"按钮。在生成凭证界面修改凭证类型为"收款凭证",然后单击"保存"按钮,系统根据现结红字发票自动生成一张红字收款凭证,如图3.89所示。

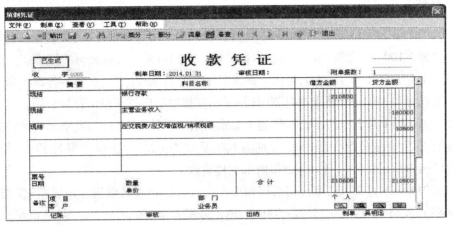

图3.89　第四笔退货业务红字凭证

5. 账套备份

在"C:\供应链账套备份"文件夹中新建"666-3-4销售退货"文件夹。将账套输出至"C:\供应链账套备份\666-3-4销售退货"文件夹中。

任务五　直运销售业务

【实验准备】

已完成第三章任务四的操作,或者引入光盘666-3-4账套备份数据,将系统日期修改为2014年1月31日,以111操作员(密码为1)的身份登录666账套"企业用友平台"。

【实验要求】

1. 在销售管理系统中选择直运销售业务。
2. 在销售管理系统中设置直运销售必有订单。
3. 录入销售订单。
4. 参照生成采购专用发票。
5. 参照生成销售专用发票。
6. 直运采购发票审核并制单。
7. 直运销售发票审核并制单。
8. 备份账套。

【实验资料】

（1）2014年1月15日，广州市东山百货公司向本公司订购永昌男、女套装各500套，报价分别为1 100元/套和580元/套，本公司接受广州市东山百货公司的订货。

（2）2014年1月15日，本公司向上海永昌服装厂订购永昌男、女套装各500套，单价分别为800元和370元。要求本月20日将货物直接发给广州市东山百货公司。

（3）2014年1月20日，本公司收到上海永昌服装厂的专用发票，发票号为ZY00178。发票载明男、女套装各500套，单价分别为800元和370元，增值税税率为17%，货物已经发给广州市东山百货公司。本公司尚未支付货款。

（4）2014年1月21日，本公司给广州市东山百货公司开具销售专用发票（发票号为ZY006688），发票载明男、女套装各500套，单价分别为1 100元和580元，增值税税率为17%，款项尚未收到。

【实验指导】

直运业务是指商品无须入库即可完成的购销业务。客户向本公司订购商品，双方签订购销合同；本公司向供应商采购客户所需商品，与供应商签订采购合同；供应商直接将商品发运给客户，结算时，由购销双方分别与企业结算。直运业务包括直运销售业务与直运采购业务，没有实物的出入库，货物流向是直接从供应商到客户，财务结算通过直运销售发票、直运采购发票进行。

1. 直运采购和直运销售

直运销售处理流程如下：
①销售管理系统：销售选项设置。
②销售管理系统：输入销售订单。
③采购管理系统：采购订单和采购专用发票。
④销售管理系统：直运销售发票。

操作步骤如下：

（1）在销售管理系统中，执行"设置"→"销售选项"命令，选中"有直运销售业务"和"直运销售必有订单"复选框，如图3.90所示。

（2）在销售管理系统中，执行"销售订货"→"销售订单"命令，打开"销售订单"窗口。单击"增加"按钮，输入直运销售订单，将销售类型修改为"直运销售"，输入完整内容，保存并审核该销售订单，如图3.91所示。

第三章 销售管理

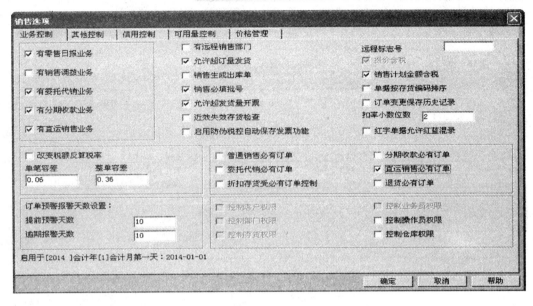

图3.90 "销售选项"对话框

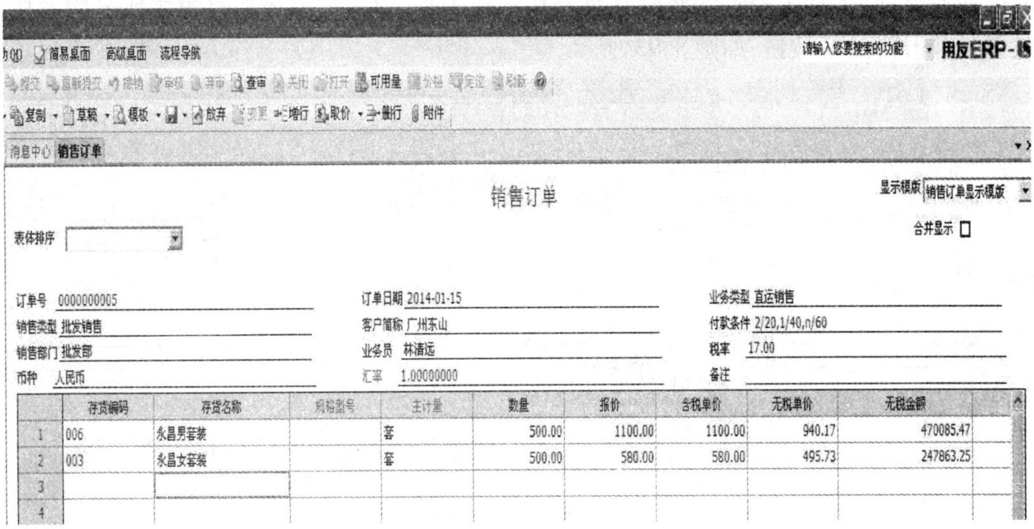

图3.91 直运销售订单

（3）在采购管理系统中，执行"采购订货"→"采购订单"命令，增加一张采购订单。注意采购类型为"直运采购"，可以拷贝销售订单生成采购订单，输入原币单价"800.00"和"370.00"，将表体中的税率修改为"17%"，保存并审核本张采购订单，如图3.92所示。

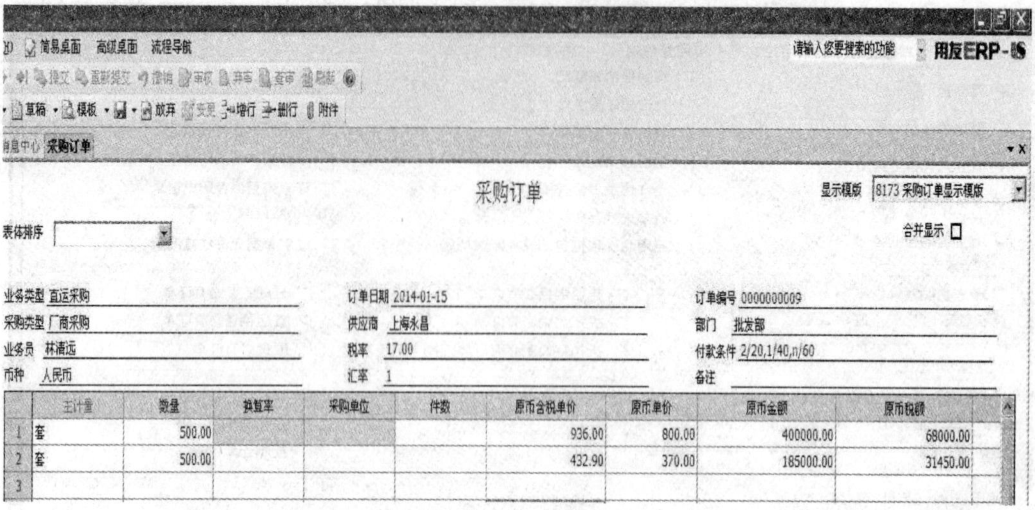

图3.92 直运采购订单

(4)在采购管理系统中,执行"采购发票"→"专用采购发票"命令,单击"增加"按钮,修改业务类型为"直运采购",修改发票号和其他表头信息,拷贝采购订单生成采购专用发票。单击"保存"按钮,如图3.93所示。

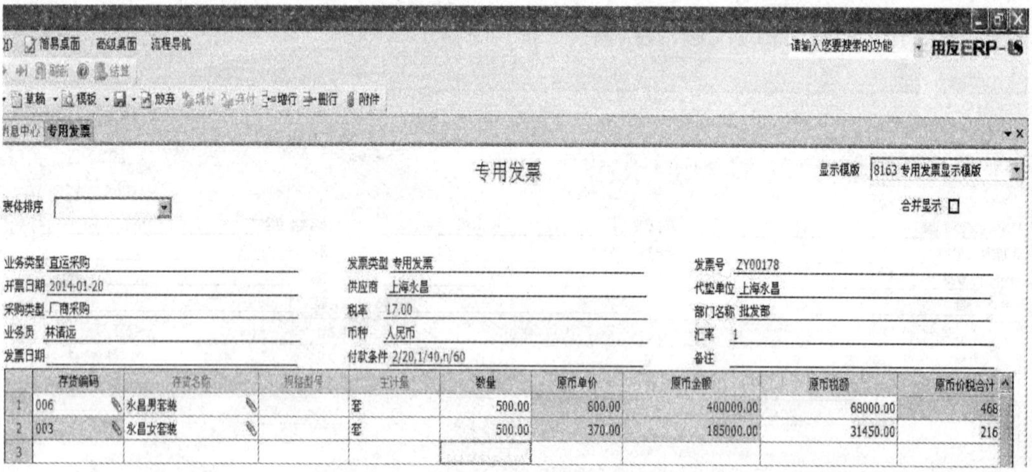

图3.93 直运采购专用发票

(5)在销售管理系统中,执行"销售开票"→"销售专用发票"命令,打开"销售专用发票"窗口。单击"增加"按钮,取消发"货单过滤"对话框。单击工具栏上的"生单"按钮,在过滤条件选择对话框中选择业务类型为"直运销售",客户为"广州市东山百货公司",单击"过滤"按钮,选择直运销售订单和明细行,单击"确定"按钮,生成销售专用发票,修改发票号为"ZY006688"。单击"保存"按钮,再单击"复核"按钮,确认直运销售业务完成,如图 3.94 所示。

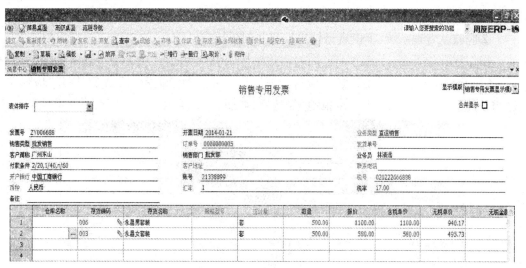

图 3.94 直运销售专用发票

提示：

(i)对于直运业务的销售订单、采购订单、采购发票及销售发票,其采购类型为直运采购,销售类型为直运销售。

(ii)需要开具销售专用发票的客户,必须在客户档案中输入税号,否则只能开具普通销售发票。

(iii)如果选择"直运销售必有订单",则直运销售发票和直运采购发票都只能参照销售订单生成发票;如果需要手工开具发票,则应先取消"直运销售必有订单",同时还必须删掉销售订单。

(iv)如果在销售选项中没有设置"直运销售必有订单",在销售管理系统中没有输入销售订单,这种直运模式下的直运采购发票和直运销售发票可以互相参照。

(v)如果在销售选项中没有设置"直运销售必有订单",但是已经输入销售订单,则仍然需要按照"直运销售必有订单"模式的数据流程进行操作。

(vi)直运销售与直运采购发票上都不能输入仓库。

(vii)直运销售发票不可以录入受托代销属性的存货。

(viii)一张直运销售发票可以对应多张直运采购发票,可以拆单、拆记录。

(ix)一张直运采购发票可以对应多张直运销售发票,可以拆单、拆记录。

2. 直运业务应收应付款的确认

直运销售业务需要根据审核后的直运采购发票确认应付账款,根据审核后的直运销售发票确认应收账款。

直运销售业务应收应付款确认流程如下：

①应付款管理系统：审核直运采购发票并制单。

②应收款管理系统：审核直运销售发票并制单。

操作步骤如下：

（1）启动应付管理系统，执行"应付单据处理"→"应付单据审核"命令，打开"应付单过滤条件"对话框，选中"未完全报销"复选框，如图3.95所示。

图3.95 选择"未完全报销"复选框

（2）单击"确定"按钮，在"应付单据列表"中选择发票号为"ZY00178"的采购专用发票，在"选择"栏单击出现"Y"标志，如图3.96所示。

（3）单击"审核"按钮，系统显示"本次审核成功单据1张"。确认直运采购的应付款项后，单击"确定"按钮，再单击"退出"按钮。

（4）启动应收款管理系统，执行"应收单据处理"→"应收单据审核"命令，单击"选择"栏，再单击"审核"按钮，系统显示"本次审核成功单据1张"，单击"退出"按钮。

（5）单击"制单"处理，在制单查询对话框中选择发票制单，单击"确定"按钮。在"应收制单"窗口，单击"全选"按钮，单击"制单"按钮，生成直运销售凭证，修改凭证类型为"转账凭证"，单击"保存"按钮，如图3.97所示。

提示：

（i）直运采购业务生成的直运采购发票在应付款管理系统中审核，但不能在此制单，其制单操作在存货核算系统中进行。

（ii）直运销售业务生成的直运销售发票在应收款管理系统中审核并制单，其销售成本的结转需要在存货核算系统中进行。

图 3.96　选择直运采购专用发票

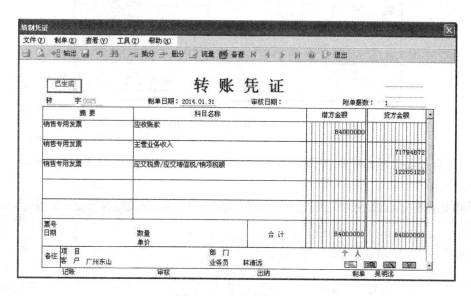

图 3.97　直运销售凭证

3. 直运单据记账并结转成本

已经审核的直运采购发票和直运销售发票需要在存货核算系统中记账后,才能结转直运采购成本和直运销售成本。

业务处理流程如下:

(1)存货核算系统:直运采购发票、直运销售发票记账。

(2)存货核算系统:结转直运采购成本和直运销售成本。

操作步骤如下:

(1)在存货核算系统中,执行"业务核算"→"直运销售记账"命令,打开"直运采购发票核算查询条件”对话框,如图 3.98 所示。

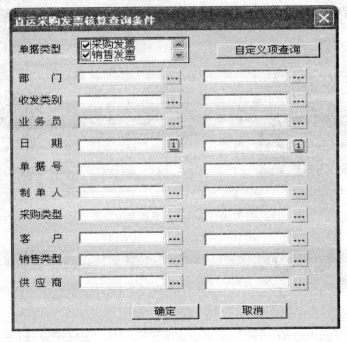

图 3.98　“直运采购发票核算查询条件”对话框

(2)选择要记账的单据类型,单击“确定”按钮后进入“直运销售记账”窗口,如图 3.99所示。

选择	日期	单据号	存货编码	存货名称	规格型号	收发类别	单据类型	数量	单价	金额	存货自由项1	存货自由项2
Y	2014-01-20	ZY00176	006	永昌男套装		采购入库	采购发票	500.00	800.00	400,000.00		
Y	2014-01-20	ZY00178	003	永昌女套装		采购入库	采购发票	500.00	370.00	185,000.00		
Y	2014-01-21	ZY006688	006	永昌男套装		销售出库	专用发票	500.00				
Y	2014-01-21	ZY006688	003	永昌女套装		销售出库	专用发票	500.00				
小计								2,000.00		585,000.00		

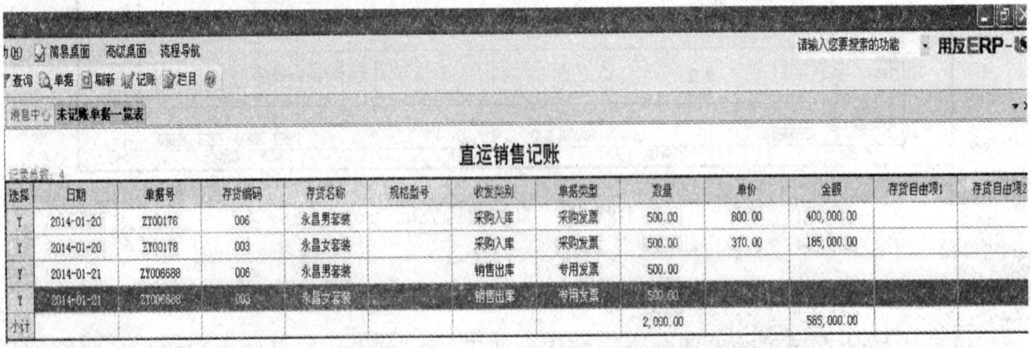

图 3.99　“直运销售记账”窗口

(3)选择要记账的单据记录,单击“记账”按钮,已记账单据不在界面中显示。

(4)执行“财务核算”→“生成凭证”命令,进入“生成凭证”窗口。

(5)单击“选择”按钮,打开“查询条件”对话框,选择“(25)直运采购发票”和“(26)直运销售发票”,如图 3.100 所示。

第三章 销售管理

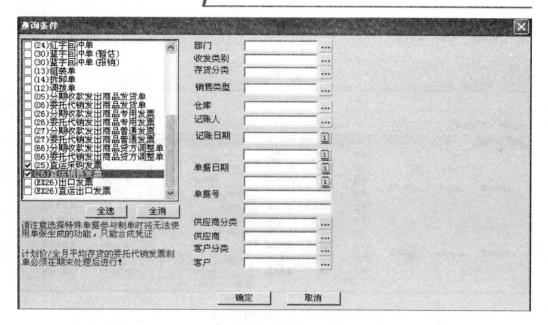

图 3.100 "查询条件"对话框

(6)在"直运销售记账"窗口中选择要生成凭证的记录,如图 3.101 所示。

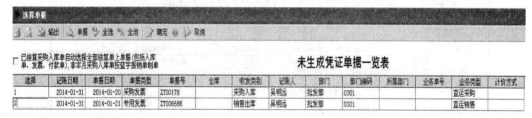

图 3.101 选择单据

(7)单击"确定"按钮后,进入"生成凭证"窗口。将全部科目补充完整,如存货科目、对方科目、税金科目、应付科目等,如图 3.102 所示。

(8)单击"生成"按钮,生成直运销售记账成本凭证,如图 3.103 和图 3.104 所示。

提示:

(i)根据直运采购发票生成的直运销售发票,必须在直运采购发票记账后再对直运销售发票记账。

(ii)根据直运采购发票或直运销售发票记入明细账时,仓库和所属部门均为空。

(iii)与普通采购业务不同,直运采购发票制单时,借方科目取存货对应的科目,贷方科目取结算方式对应的科目,如应付账款或银行存款(现结)科目等。

(iv)直运销售发票制单时,借方取收发类别对应的科目,贷方取存货对应的科目。

选择	单据类型	单据号	摘要	科目类型	科目编码	科目名称	借方金额	贷方金额	借方数量	贷方数量	存货编码	存货名称
1	采购发票	ZY00178	采购发票	存货	1405	库存商品	400,00...		500.00		006	永昌男套装
				税金	22210101	进项税额	68,000.00		500.00		006	永昌男套装
				应付	220201	应付货款		468,00...		500.00	006	永昌男套装
				存货	1405	库存商品	185,00...		500.00		003	永昌女套装
				税金	22210101	进项税额	31,450.00		500.00		003	永昌女套装
				应付	220201	应付货款		216,45...		500.00	003	永昌女套装
	专用发票	ZY006888	专用发票	对方	6401	主营业务...	400,00...		500.00		006	永昌男套装
				存货	1405	库存商品		400,00...		500.00	006	永昌男套装
				对方	6401	主营业务...	185,00...		500.00		003	永昌女套装
				存货	1405	库存商品		185,00...		500.00	003	永昌女套装
合计							1,269,...	1,269,...				

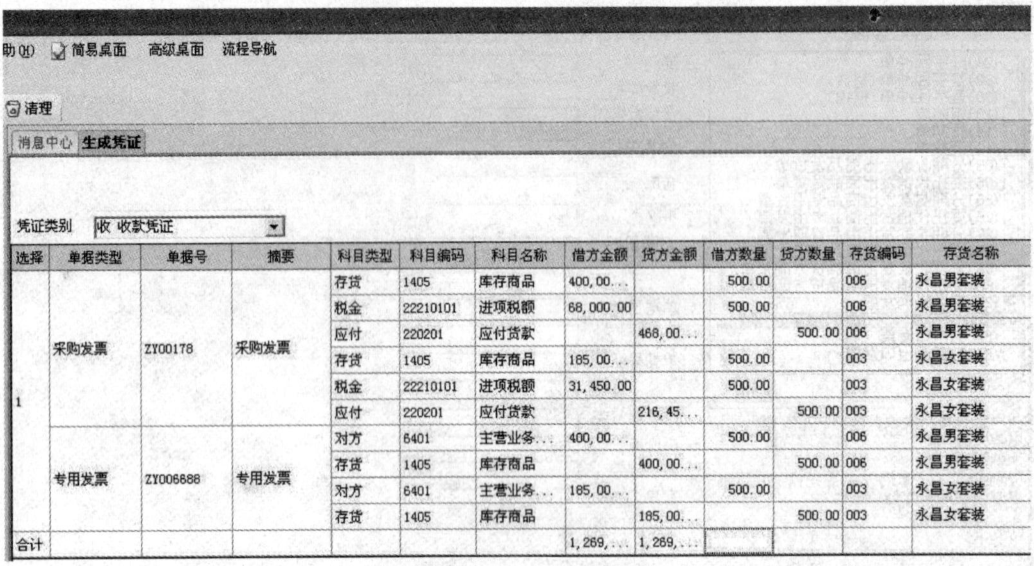

图 3.102 “生成凭证”窗口

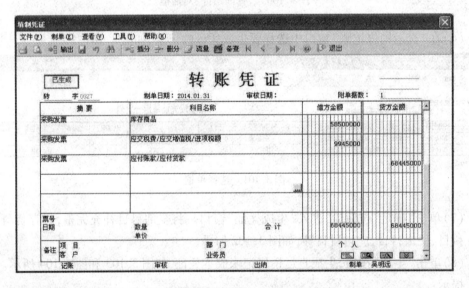

图 3.103 根据直运采购发票生成的凭证

4. 账套备份

在“C:\供应链账套备份”文件夹中新建“666－3－5 直运销售”文件夹。将账套输出至“C:\供应链账套备份\666－3－5 直运销售”文件夹中。

第三章 销售管理

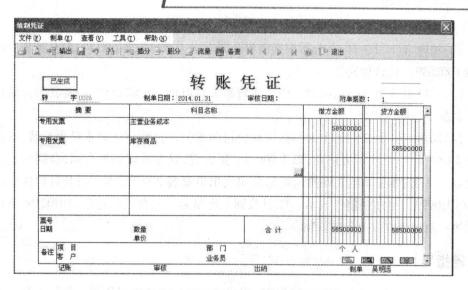

图3.104 根据直运销售发票生成的凭证

任务六 分期收款销售业务

【实验准备】

已经完成第三章任务五的操作,或者引入光盘中的666-3-5账套备份数据。将系统日期修改为2014年1月31日,以111操作员(密码为1)的身份登录666账套的"企业应用平台"。

【实验要求】

1. 分期收款必有订单。
2. 填制分期收款销售订单。
3. 生成分期收款发货单。
4. 开具分期收款发票。
5. 确认收入和应收账款。
6. 备份账套。

【实验资料】

(1)2014年1月5日,上海昌运贸易公司向本公司订购600件大地女风衣,600件大地男风衣,本公司报价分别为185元/件和265元/件。经双方协商,以180元/件和260

元/件成交,双方签订销售合同。双方约定,一次发货,分三期收款。

(2)2014年1月7日,本公司根据销售合同发出大地风衣各600件,开具销售专用发票(ZY002689),确认价税款。

(3)2014年1月27日,收到上海昌运贸易公司电汇(DH0215555),是支付大地风衣第一期款项。

(4)2014年1月25日,上海昌运贸易公司向本公司订购200套永昌男套装,本公司报价1 050元/套。经双方协商,以1 000元/套成交,双方签订销售合同,合同约定分两次收款。28日,本公司给上海昌运贸易公司发出男套装200套,本公司开具销售专用发票(ZY010999),并结转销售成本。31日收到上海昌运贸易公司的电汇(DH0216666),是支付第一期分期收款业务的款项。

【实验指导】

分期收款销售业务是指将货物提前一次发给客户,分期收回货款。其特点是一次发货,分期收款。分期收款销售业务的订货、发货、出库、开票等处理与普通销售业务相同,只是业务类型应选择"分期收款"。分期收款时,开具销售发票,结转销售成本。

分期收款销售业务的处理流程为:

①销售管理系统:设置销售选项"分期收款必有订单"。

②销售管理系统:填制并审核分期收款订单。

③销售管理系统:生成分期收款发货单。

④销售管理系统:生成分期收款发票。

⑤应收款管理系统:确认分期收款销售收入。

⑥库存管理系统:生成分期收款出库单。

⑦存货核算系统:发票记账并结转成本。

1. 第一笔和第二笔业务的处理

第一笔和第二笔业务属于分期收款销售订单的形成和发货业务,因此需要输入分期收款销售订单,生成分期收款发货单;开具分期收款发票,确认第一次收入并制单,生成分期收款销售出库单。

操作步骤如下:

(1)登录销售管理系统,执行"设置"→"销售选项"命令,选择"有分期收款业务""分期收款必有订单"和"销售生成出库单"复选框,如图3.105所示。

(2)执行"销售订货"→"销售订单"命令,单击"增加"按钮,进入"销售订单"窗口。

(3)选择业务类型为"分期收款",销售类型为"批发销售",日期为"2014年1月5日",并输入表头和表体的其他信息。输入完毕后单击"保存"按钮,再单击"审核"按钮,如图3.106所示。

(4)执行"销售发货"→"发货单"命令,单击"增加"按钮,系统显示参照订单窗口。

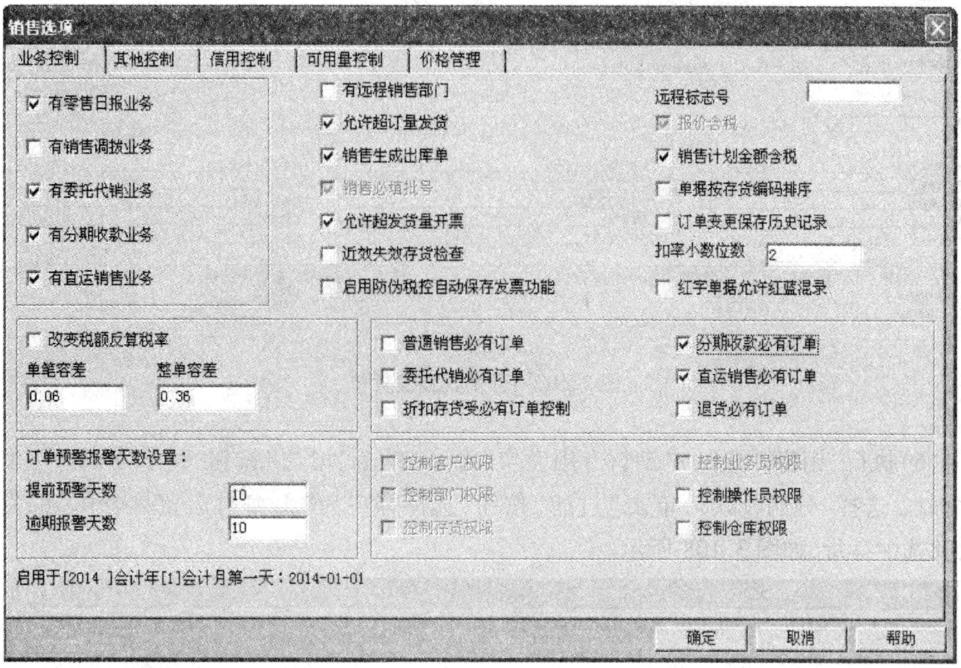

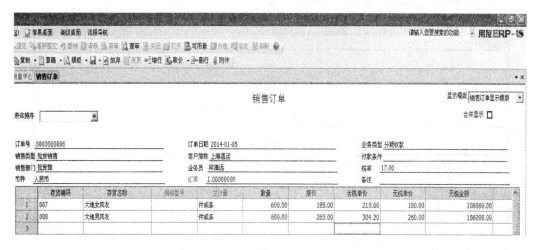

图 3.105 销售选项

图 3.106 分期收款销售订单

(5)选择业务类型为"分期收款",单击"过滤"按钮,选择"上海昌运贸易公司"的订单,选择存货(多选按住 Ctrl 键),单击"确定"按钮,生成销售发货单,修改发货日期为"2014 年 1 月 7 日",输入仓库为"大地服装仓"。单击"保存"按钮,再单击"审核"按钮,如图 3.107 所示。

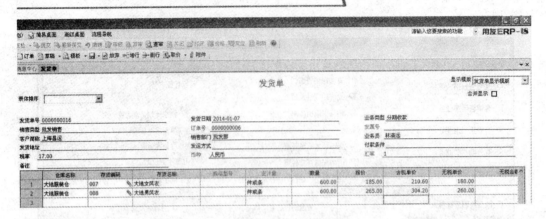

图 3.107 分期收款发货单

(6) 执行"销售开票"→"销售专用发票"命令,单击"增加"按钮,显示发票参照发货单窗口。选择"分期收款",单击"过滤"按钮,选择客户为"上海昌运贸易公司"的发货单,并选中存货,如图 3.108 所示。

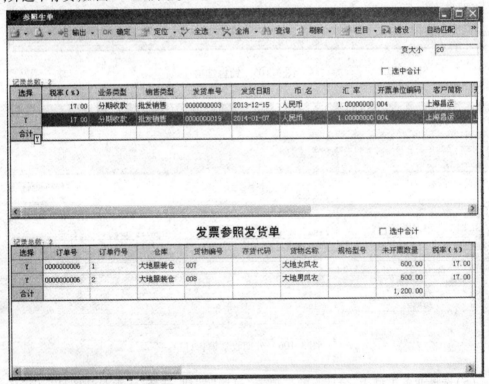

图 3.108 选择分期收款发货单

(7) 单击"确定"按钮,生成销售发票,修改日期为"2014 年 1 月 7 日",发票号为

"ZY002689"。修改完毕后单击"保存"按钮,再单击"复核"按钮,如图 3.109 所示。

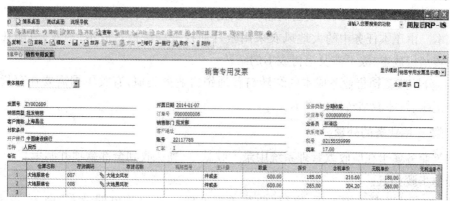

图 3.109　分期收款发票

（8）启动应收款管理系统,执行"应收单据处理"→"应收单据审核"命令,审核分期收款生成的专用发票。

（9）执行"制单处理"命令,选择发票制单,生成分期收款确认收入的凭证,如图3.110所示。

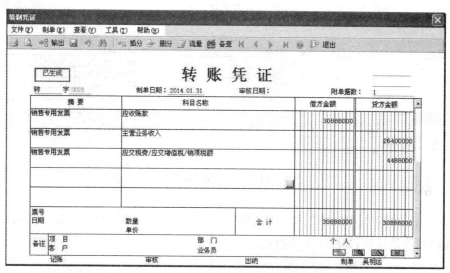

图 3.110　分期收款确认收入凭证

（10）启动库存管理系统,执行"出库业务"→"销售出库单"命令,打开"销售出库单"窗口。

（11）单击"审核"按钮,系统显示审核成功。

提示：

（i）分期收款销售方式。发出商品、开具销售专用发票并确认收入后，应该立即结转销售成本。由于本任务中的大地风衣采用全月加权平均法核算成本，因此，只能在月末才能结转销售成本，故不涉及销售成本的结转。

（ii）分期收款销售业务成本的结转与普通销售业务类似，有关单据需要在存货核算系统中记账后，才能结转销售成本。

2. 第三笔业务的处理

本笔业务属于在应收款管理系统中录入收款单，确认收到全部款项并制单。

操作步骤如下：

（1）启动应收款管理系统，执行"收款单据处理"→"收款单据录入"命令，单击"增加"按钮，输入表头、表体信息，如结算方式为"电汇"，结算科目为"银行存款"，客户为"上海昌运贸易公司"，结算金额为"102 960"元。单击"保存"按钮，如图3.111所示。

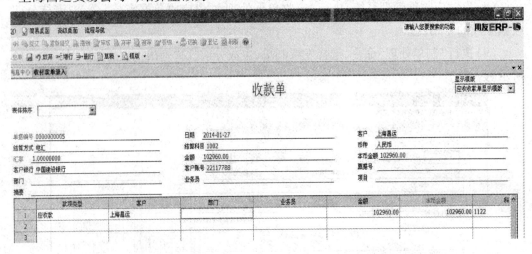

图3.111 "收款单"对话框

（2）单击"审核"按钮，系统弹出"立即制单吗？"信息提示框。单击"是"按钮，系统自动生成一张收款凭证，如图3.112所示。

提示：

（i）分期收款销售如果采用多次发货，一次收取货款，则在应收款管理系统中输入收款单后，还需要进行核销处理，即对同一客户的应收单和收款单进行核销，以冲销应收账款。

（ii）核销应收单与收款单时可以采用手工核销的方法，也可以采用自动核销的方法。

（iii）如果存货采用先进先出法等，可以随时结转销售成本的核算方法，则每次出库后，应该结转销售成本。

第三章　销售管理

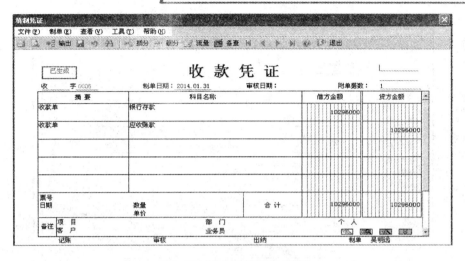

图 3.112　"收款凭证"对话框

3. 第四笔业务的处理

本笔业务属于分期付款业务,本期签订分期收款销售合同,因此需要输入分期收款销售订单,生成分期收款发货单,同时开具分期收款发票并现结,确认第一次收入并制单,生成分期收款销售出库单,并结转销售成本。

(1)执行"销售订货"→"销售订单"命令,单击"增加"按钮,进入增加"销售订单"窗口。

(2)选择业务类型为"分期收款",销售类型为"批发销售",日期为"2014 年 1 月 25 日",并输入表头和表体的其他信息。输入完毕后单击"保存"按钮,单击"审核"按钮,保存并确认分期收款销售订单。

(3)执行"销售发货"→"发货单"命令,单击"增加"按钮,系统显示"参照订单"窗口。选择业务类型为"分期付款",单击"过滤"按钮,选择上海昌运贸易公司的订单,同时选择存货。单击"确定"按钮,生成销售发货单,修改发货日期为"2014 年 1 月 28 日",输入仓库为"永昌服装仓"。单击"保存"按钮,再单击"审核"按钮。

(4)启动库存管理系统,执行"出库业务"→"销售出库单"命令,可以查看到由销售发货单审核后自动产生的销售出库单。单击"审核"按钮,系统显示审核成功。

(5)启动存货核算系统,执行"业务核算"→"发出商品记账"命令,打开发出商品核算查询条件的对话框。选择业务类型"分期收款",单据类型为"发货单",如图 3.113 所示。

(6)单击"过滤"按钮,进入"发出商品记账"窗口,选择永昌服装仓 2014 年 1 月 28 日的发货单,如图 3.114 所示。单击"记账"按钮。

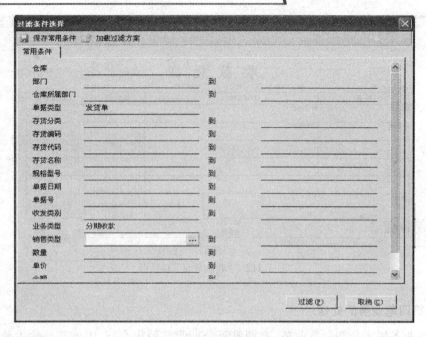

图 3.113　发出商品核算查询条件

图 3.114　"发出商品记账"窗口

(7)执行"财务预算"→"生成凭证"命令,单击"选择"按钮,打开"查询条件"对话框。选择"分期付款发出商品发货单",单击"确定"按钮,打开"未生成凭证单据一览表"窗口,选择永昌服装仓 2014 年 1 月 28 日的发货单,如图 3.115 所示。

(8)单击"确定"按钮,如图 3.116 所示。

(9)单击"生成"按钮,生成结转成本凭证。保存凭证,如图 3.117 所示。

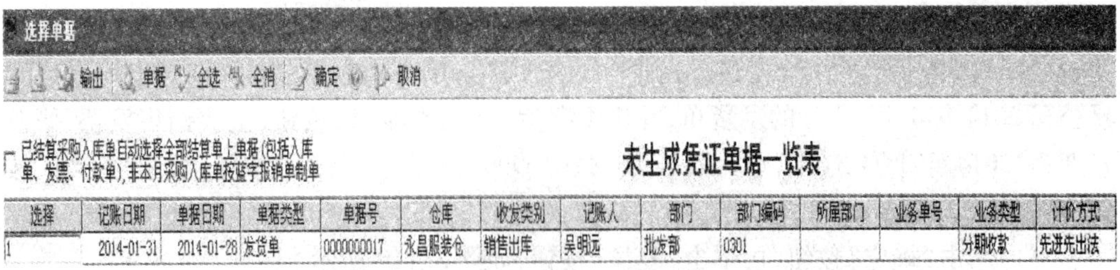

图 3.115 "未生成凭证单据一览表"窗口

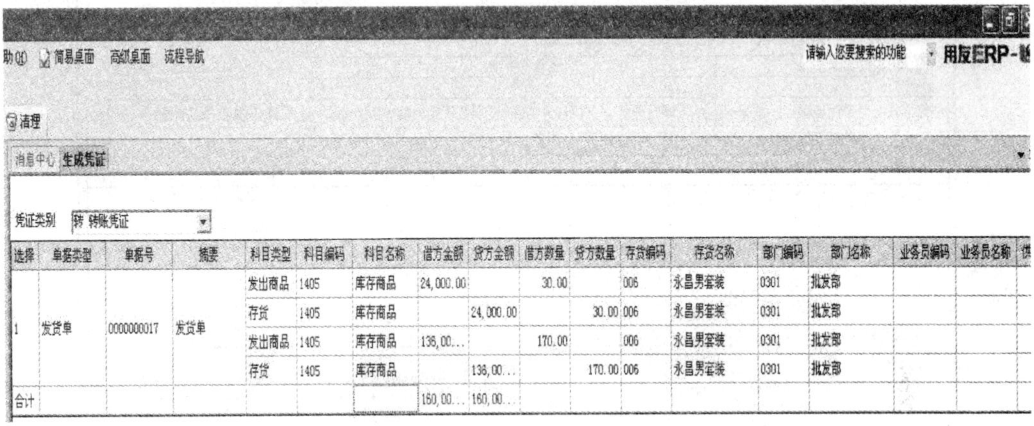

图 3.116 选择凭证科目窗口

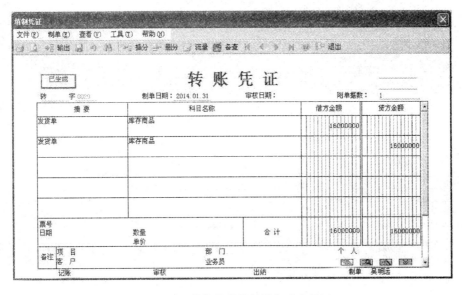

图 3.117 分期收款结转销售成本凭证

(10)在销售管理系统中,执行"销售开票"→"销售专用发票"命令,单击"增加"按钮,显示"发票参照发货单"窗口。选择"分期收款",单击"过滤"按钮,选择上海昌运贸易公司 2014 年 1 月 28 日的发货单,并选中存货。单击"确定"按钮,生成销售发票,修改日期为"2014 年 1 月 31 日",发票号为"ZY010999"。单击"保存"按钮,单击"现结"按钮,系统显示"现结"窗口,输入结算信息,如图 3.118 所示。

(11)单击"确定"按钮,再单击"复核"按钮,如图 3.119 所示。

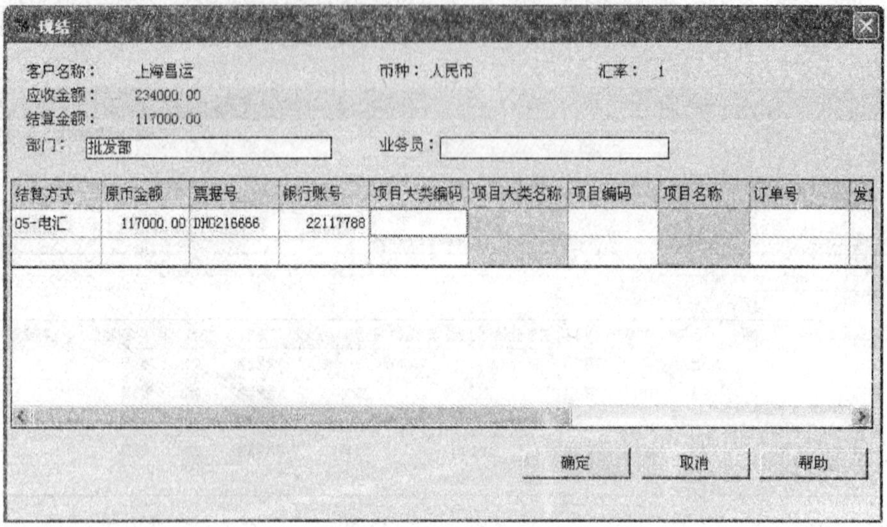

图 3.118 分期收款现结

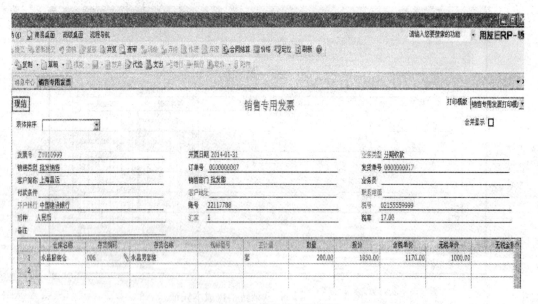

图 3.119 分期收款专用发票

(12)启动应收款管理系统,执行"应收单据处理"→"应收单据审核"命令(包含已现结发票),审核分期收款生成的专用发票。

(13)执行"制单处理"命令,选择"现结制单",生成分期收款确认收入、收取款项的凭证,如图 3.120 所示。

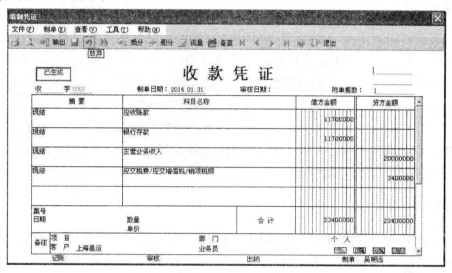

图 3.120　分期收款现结凭证

4.账套备份

在"C:\供应链账套备份"文件夹中新建"666-3-6 分期收款销售"文件夹。将账套输出至"C:\供应链账套备份\666-3-6 分期收款销售"文件夹中。

任务七　零售日报业务

【实验准备】

已经完成第三章任务六的操作,或者引入光盘中的"666-3-6"账套备份数据。将系统日期修改为 2014 年 1 月 31 日,以"111"操作员(密码为1)的身份登录666账套的"企业应用平台"。

【实验要求】

1.填制销售日报。

2.生成销售发货单。

3.生成销售出库单。

4. 确认、收取销售款项。

5. 确认销售成本。

6. 备份账套。

【实验资料】

（1）2014年1月10日，门市部累计向零散客户销售永昌服装仓女衣20件，单价为380元；永昌女裤15条，单价为230元；永昌男衣30件，单价为450元（永昌服装仓）。全部为赊销。

（2）2014年1月20日，门市部累计向零散客户销售永昌服装仓的永昌女套装25套，单价为450元；永昌男装30套，单价为1 000元。全部为赊销。

（3）2014年1月31日，门市部累计向零散客户销售手表仓中的钻石女表45只，单价为180元；钻石男表35只，单价为190元；奥尔马男表20只，单价为1 100元。全部为现销（现金支票XJ112255），款型全额收讫。

【实验指导】

零售日报业务即零售业务，是处理商业企业将商品销售给零售客户的销售业务。零售业务是根据相应的销售票据，按日汇总数据，然后通过零售日报进行处理。

零售日报业的处理流程为：

(1) 销售管理系统：填制并复核零售日报。

(2) 销售管理系统：根据复核后的零售日报自动生成发货单。

(3) 库存管理系统：根据复核后的零售日报生成销售出库单。

(4) 存货核算系统：销售出库单的复核、记账、结转销售成本。

(5) 应收款管理系统：审核后的零售日报作为销售发票，审核后形成应收款并制单。

1. 第一笔零售业务的处理

本笔业务需要在销售管理系统中填制、复核零售日报，生成销售发货单，在存货核算系统中对零售日报记账并确认销售成本，在应收款管理系统中审核零售日报并确认收入和应收款项。

(1) 启动销售管理系统，执行"零售日报"命令，打开"零售日报"窗口。

(2) 单击"增加"按钮，进入新增零售日报状态。输入表头和表体内容，如零售日期、客户简称、销售类型（门市零售）、销售部门、存货代码、仓库、零售数量、单价等信息。单击"保存"按钮，再单击"复核"按钮，如图3.121所示。

(3) 执行"销售发货"→"发货单"命令，打开"发货单"窗口，系统已经根据复核后的零售日报自动生成了发货单，如图3.122所示。

(4) 启动库存管理系统，执行"出库业务"→"销售出库单"命令，审核销售出库单，如图3.123所示。

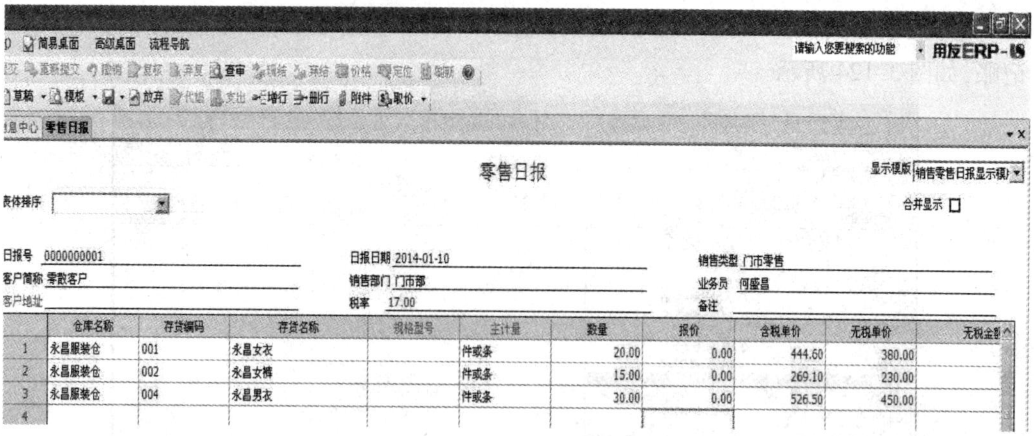

图 3.121 "零售日报"窗口

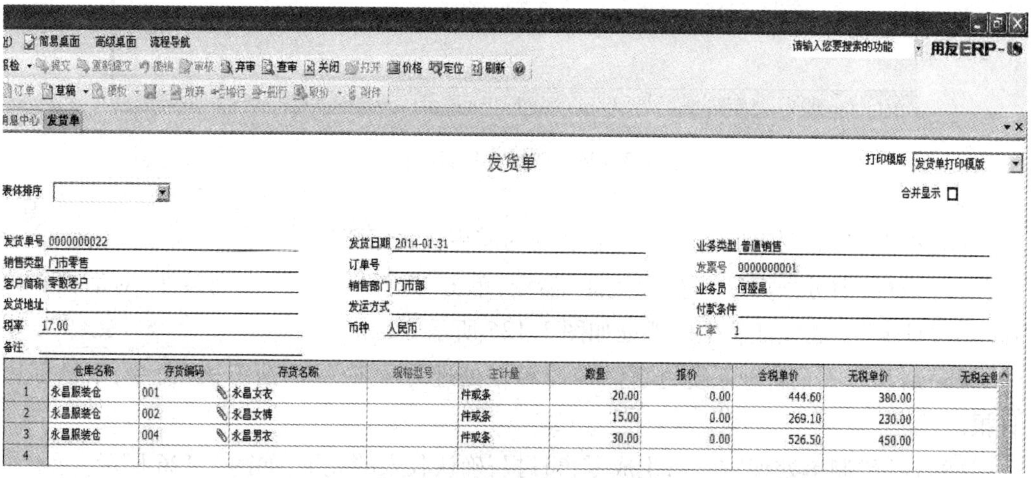

图 3.122 零售日报生成的发货单

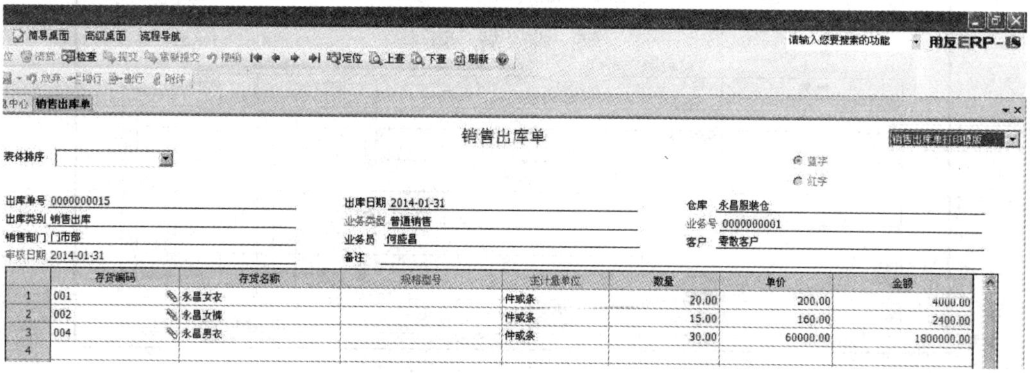

图 3.123 "销售出库单"窗口

(5)启动存货核算系统。执行"业务核算"→"正常单据记账"命令,选择"销售日报"记账,如图3.124所示。

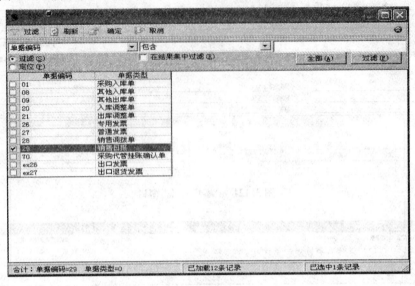

图3.124　选择零售日报记账

(6)单击"过滤"按钮,选择永昌服装仓的零售日报记账。

(7)执行"财务预算"→"生成凭证"命令,单击"选择",打开"查询条件"对话框。选择"销售日报"生成凭证。生成凭证如图3.125所示。

(8)启动应收款管理系统,执行"应收单据处理"→"应收单据审核"命令,审核零售日报。

(9)执行"制单处理"命令,生成零售日报,确认收入的凭证,如图3.126所示。

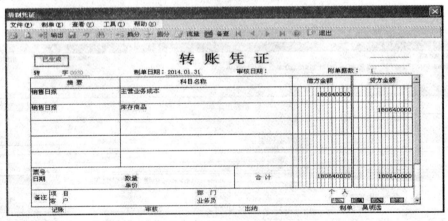

图3.125　零售结转销售成本凭证

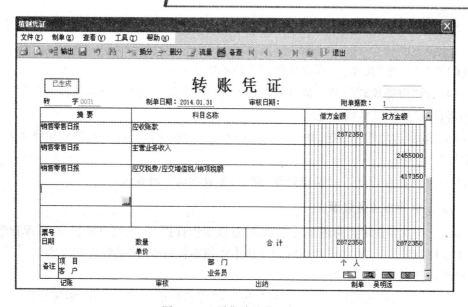

图 3.126 零售确认收入凭证

提示：

(i)新增销售零售日报时默认税率为零,可以修改。

(ii)销售零售日报不能参照其他单据生成,只能手工输入。

(iii)在销售零售日报界面的表体中,单击鼠标右键,可以查看保存后的销售零售日报的存货现存量、当前单据收款情况、预估毛利、对应发货单及对应出库单。

(iv)一张零售日报生成的发货单可以分仓库生成多张销售出库单。

(v)根据复核后的零售日报生成的发货单不能修改或删除,只能查询。

2. 第二笔零售业务的处理

本笔业务需要在销售管理系统中填制、复核零售日报,生成销售发货单;在库存管理系统中生成并审核零售日报,确认收入并收款。

操作步骤如下:

(1)启动销售管理系统,执行"零售日报"命令,打开"零售日报"窗口。

(2)单击"增加"按钮,进入新增零售日报状态。输入表头和表体内容,如零售日期、客户简称、税率、零售部门、存货代码、仓库、零售数量、单价等信息。单击"保存"按钮,再单击"复核"按钮。

(3)执行"销售发货"→"发货单"命令,打开"发货单"窗口,系统已经根据复核后的零售日报自动生成了发货单。

(4)启动库存管理系统,执行"出库任务"→"销售出库单"命令进入"销售出库单"窗口。单击"审核"按钮。

(5)启动存货核算系统,执行"业务核算"→"正常单据记账"命令,选择"零售日报"记账。

(6)单击"确定"按钮,选择永昌服装仓的零售日报记账。

(7)执行"财务预算"→"生成凭证"命令,单击"选择",打开"查询条件"对话框。选择"销售日报"生成结转成本凭证。

(8)启动应收款管理系统,执行"日常处理"→"应收单据处理"→"应收单据审核"命令,审核零售日报。

(9)执行"日常处理"→"制单处理"命令,生成确认零售收入。

3. 第三笔零售业务处理

本笔业务需要在销售管理系统中填制、复核零售日报,生成销售发货单,在库存管理系统中审核销售出库单;在应收款管理系统中审核零售日报,确认收入并收款。

操作步骤如下:

(1)启动销售管理系统,执行"零售日报"→"零售日报"命令,打开"零售日报"窗口。

(2)单击"增加"按钮,进入新增零售日报状态。输入表头和表体内容,如零售日期、客户简称、税率、零售部门、存货代码、仓库、零售数量、单价等信息。单击"保存"按钮,再单击"现结"按钮,最后单击"复核"按钮。

(3)执行"销售发货"→"发货单"命令,打开"发货单"窗口,系统已经根据复核后的零售日报自动生成发货单。

(4)启动库存管理系统,执行"出库业务"→"销售出库单"命令,单击"审核"按钮。

(5)启动库存核算系统,执行"业务核算"→"正常单据记账"命令,选择零售日报记账。

(6)启动应收款管理系统,执行"应收单据处理"→"应收单据审核"命令,选择"包含已现结发票"单据审核,审核零售日报。

(7)执行"制单处理"命令,选择现结制单,生成确认零售收入、收取款项凭证。

4. 账套备份

在"C:\供应链账套备份"文件夹中新建"6663-7零售日报"文件夹。将账套输出至"C:\供应链账套备份\666-3-7零售日报"文件夹中。

任务八 销售账表统计分析

【实验准备】

已经完成第三章任务七的操作,或者引入光盘中的666-3-7账套备份数据。将系统日期修改为2014年1月31日,以111操作员(密码为1)的身份登录666账套的"企业应用平台"。

【实验要求】

1. 查询本月销售统计表。
2. 查询本月发货统计表。
3. 查询本月销售综合统计表。
4. 查询本月销售收入明细账。
5. 查询本月销售成本明细账。
6. 对本月销售结构进行分析。
7. 销售毛利分析。
8. 商品销售市场分析。
9. 对本月销售情况进行综合分析。
10. 备份账套。

【实验指导】

销售管理系统通过"账表"菜单的各种账表提供多角度、多方位的综合查询和分析。销售管理系统可以查询和分析统计表、明细账、销售分析和综合分析。只有商业版的账套才能使用综合分析的功能,否则,综合分析菜单不可见。

1. 查询本月销售统计表

销售管理系统提供的销售统计表能够查询销售金额、折扣、成本、毛利等数据,其中存货成本数据来源于存货核算系统;销售金额、折扣来源于销售管理系统的各种销售发票,包括蓝字发票、红字发票和销售日报等。

操作步骤如下:

(1)启动销售管理系统,执行"报表"→"统计表"→"销售统计表"命令,进入"条件过滤"窗口。

(2)输入开票的开始日期和结束时间。

(3)在"分组汇总项"选项中,在部门和业务员的"分组小计"中打"√";在部门、业务员、存货名称和客户的"分组汇总列"中打"√",如图3.127所示。

(4)单击"过滤"按钮,系统显示查询结果。单击"小计"按钮,按部门和业务员进行汇总,如图3.128所示。

2. 查询本月发货统计表

销售管理系统提供的发货统计表可以统计存货的期初、发货、开票和结存等各项业务数据。其中根据发货单和退货单统计发货数量,根据销售发票、零售日报及其对应的红字发票统计结算数据。

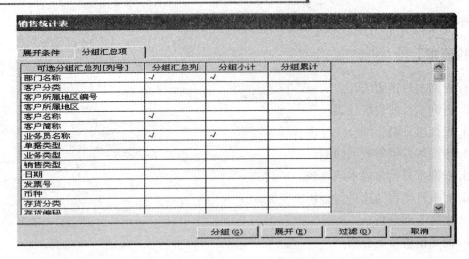

销售统计表

展开条件 | 分组汇总项

可选分组汇总列[列号]	分组汇总列	分组小计	分组累计
部门名称	√	√	
客户分类			
客户所属地区编号			
客户所属地区			
客户名称	√		
客户简称			
业务员名称	√	√	
单据类型			
业务类型			
销售类型			
日期			
发票号			
币种			
存货分类			
存货编码			

分组(G) 展开(E) 过滤(Q) 取消

图 3.127 "销售统计表"查询设置

销售统计表

输出 小计 合计 格式 分组 折行

销售统计表

开票日期： 2014-01-01 2014-01-31 结算日期 ... 2014-01-01 2014-01-31

部门名称	客户简称	业务员名称	日期	存货分类	存货编码	存货名称	数量	单价	金额	税额
门市部	零散客户	何盛昌	2014-01-31	服装	004	永昌男衣	30.00	450.00	13,500.00	2,295.00
门市部	零散客户	何盛昌	2014-01-31	服装	002	永昌女裤	15.00	230.00	3,450.00	586.50
门市部	零散客户	何盛昌	2014-01-31	服装	001	永昌女装	20.00	380.00	7,600.00	1,292.00
		(何盛昌)小计:					65.00	377.69	24,550.00	4,173.50
(门市部)小计:							65.00	377.69	24,550.00	4,173.50
批发部	北京王府井		2014-01-31	手表	013	钻石男表	990.00	180.00	178,200.00	30,294.00
		()小计:					990.00	180.00	178,200.00	30,294.00
批发部	北京王府井	林清远	2014-01-31	手表	012	钻石女表	800.00	200.00	160,000.00	27,200.00
		(林清远)小计:					800.00	200.00	160,000.00	27,200.00
批发部	广州东山		2014-01-31	手表	010	奥尔马男表			-25,000.00	-4,250.00
批发部	广州东山		2014-01-31	手表	009	奥尔马女表	500.00	900.00	450,000.00	76,500.00
批发部	广州东山		2014-01-31	服装	003	永昌女套装	1,290.00	469.38	605,500.00	102,935.00
		()小计:					1,790.00	575.70	1,030,500.00	175,185.00

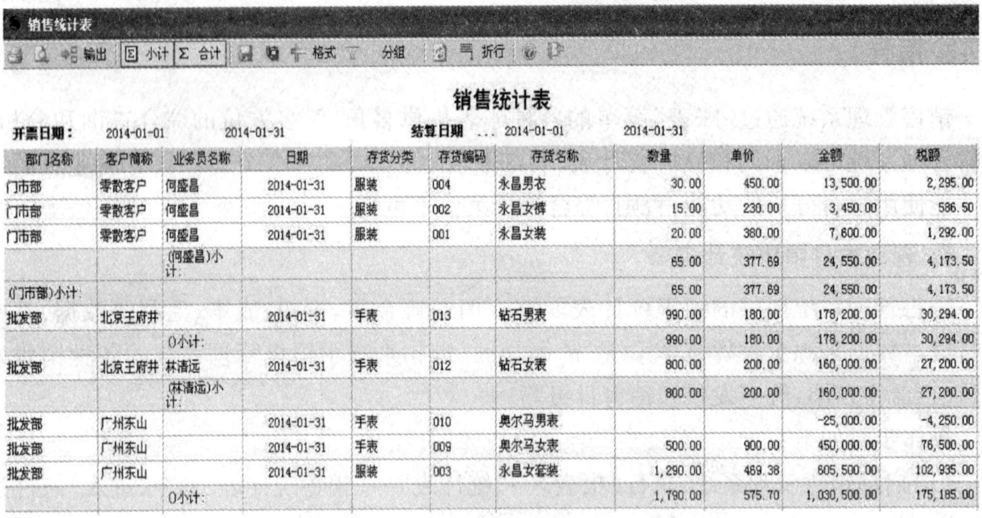

图 3.128 按部门和业务员进行统计查询

操作步骤如下：

(1)在销售管理系统中，执行"报表"→"统计表"→"发货统计表"命令，进入"条件过滤"窗口。

(2)输入开票的开始时间和结束时间。

(3)在"分组汇总项"选项中，在存货名称和客户的"分组汇总列"中打"√"，在存货名称和客户的"分组小计"中打"√"。

(4)在"分组汇总项"选项中，可以用鼠标拖动字段，调整各字段的位置。

(5)单击"过滤"按钮，系统显示查询结果。单击"小计"按钮，可按部门和业务员进行汇总,如图 3.129 所示。

发货统计表

输出　小计　Σ 合计　格式　分组　折行

发货统计表

日期：　2014-01-01　2014-01-31

部门	客户	业务员	币种	存货编码	存货名称	期初数量	期初金额	期初税额	期初价税合计	期初折扣	发货数量
批发部	北京王府井百货公司		人民币	013	钻石男表						980.00
					(钻石男表)小计:						980.00
批发部	北京王府井百货公司	林清远	人民币	012	钻石女表						800.00
					(钻石女表)小计:						800.00
	(北京王府井百货公司)...										1,780.00
批发部	广州市东山百货公司		人民币	010	奥尔马男表						
					(奥尔马男表)小计:						
批发部	广州市东山百货公司		人民币	009	奥尔马女表						500.00
					(奥尔马女表)小计:						500.00
批发部	广州市东山百货公司		人民币	003	永昌女套装	500.00	250,000.00	42,500.00	292,500.00		780.00
					(永昌女套装)小计:	500.00	250,000.00	42,500.00	292,500.00		780.00

图 3.129　销售发货统计表

3. 查询本月销售综合统计表

销售管理系统提供的销售综合统计表可以查询企业订货、发货、开票、出库和汇款等统计数据。它综合了销售订单、销售发货单和销售出库单的相关信息。

操作步骤如下：

(1)在销售管理系统中,执行“报表”→“统计表”→“销售综合统计表”命令,进入“条件过滤”窗口。

(2)输入开票的开始时期和结束时间。

(3)在“分组汇总项”选项中,在存货名称和客户的“分组汇总列”中打“√”;在存货和客户的“分组小计”中打“√”。

(4)在“分组汇总项”选项中,可以用鼠标拖动字段,调整各自段的位置。

(5)单击“过滤”按钮,系统显示查询结果。单击“小计”按钮,可按部门和业务员进行汇总,如图 3.130 所示。

4. 查询本月销售收入明细账

销售管理系统提供的销售收入明细账可以查询各类销售发票(包括销售调拨单、零售日报及红字发票)的明细数据。与销售收入统计表相比,销售收入明细账提供的销售发票的查询信息更为详尽,包括票号、日期、单价、数量、对应的凭证号等,可以兼顾会计和业务的不同需要。

操作步骤如下：

(1)执行“报表”→“明细账”→“销售收入明细账”命令,进入“条件过滤”窗口。

(2)输入开始时间和结束时间。

(3)在"分组汇总项"选项中,在存货名称和业务类型的"分组小计"中打"√"。

(4)单击"过滤"按钮,系统自动显示查询结果。单击"小计"按钮,可以按存货和客户进行汇总,如图3.131所示。

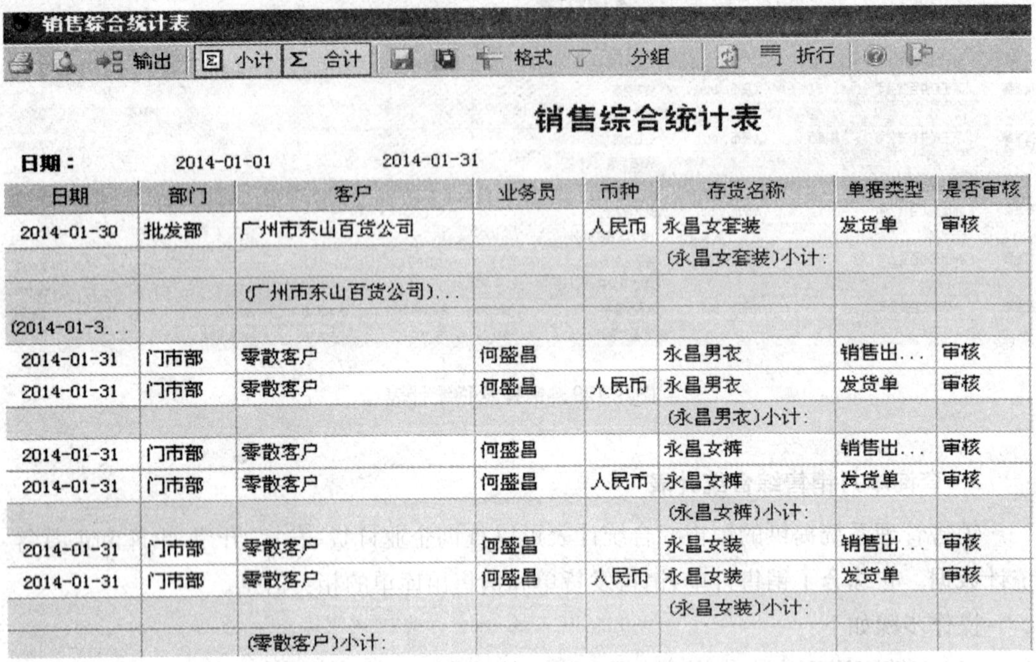

日期	部门	客户	业务员	币种	存货名称	单据类型	是否审核
2014-01-30	批发部	广州市东山百货公司		人民币	永昌女套装	发货单	审核
					(永昌女套装)小计:		
		(广州市东山百货公司)...					
(2014-01-3...							
2014-01-31	门市部	零散客户	何盛昌		永昌男衣	销售出...	审核
2014-01-31	门市部	零散客户	何盛昌	人民币	永昌男衣	发货单	审核
					(永昌男衣)小计:		
2014-01-31	门市部	零散客户	何盛昌		永昌女裤	销售出...	审核
2014-01-31	门市部	零散客户	何盛昌	人民币	永昌女裤	发货单	审核
					(永昌女裤)小计:		
2014-01-31	门市部	零散客户	何盛昌		永昌女装	销售出...	审核
2014-01-31	门市部	零散客户	何盛昌	人民币	永昌女装	发货单	审核
					(永昌女装)小计:		
		(零散客户)小计:					

图3.130 "销售综合统计表"窗口

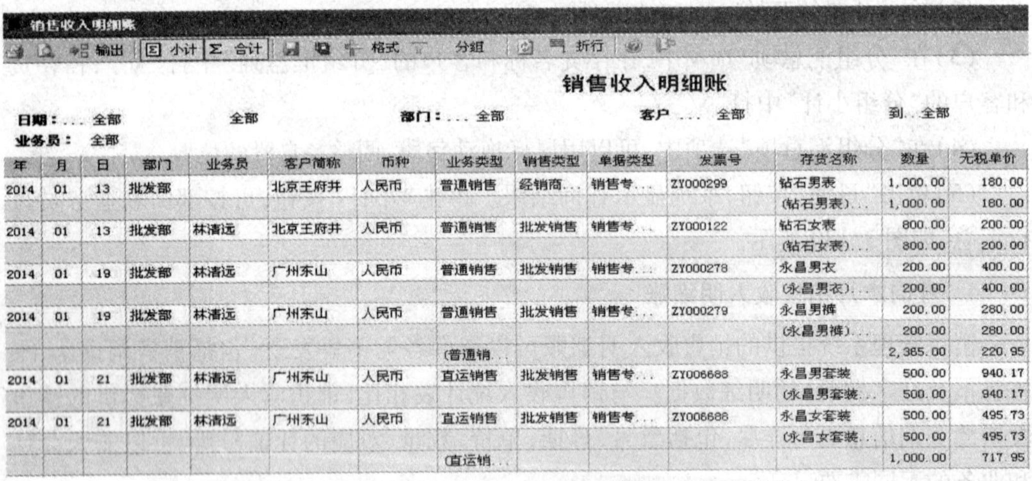

年	月	日	部门	业务员	客户简称	币种	业务类型	销售类型	单据类型	发票号	存货名称	数量	无税单价
2014	01	13	批发部		北京王府井	人民币	普通销售	经销商...	销售专...	ZY000299	钻石男表	1,000.00	180.00
											(钻石男表)...	1,000.00	180.00
2014	01	13	批发部	林清远	北京王府井	人民币	普通销售	批发销售	销售专...	ZY000122	钻石女表	800.00	200.00
											(钻石女表)...	800.00	200.00
2014	01	19	批发部	林清远	广州东山	人民币	普通销售	批发销售	销售专...	ZY000278	永昌男衣	200.00	400.00
											(永昌男衣)...	200.00	400.00
2014	01	19	批发部	林清远	广州东山	人民币	普通销售	批发销售	销售专...	ZY000279	永昌男裤	200.00	280.00
											(永昌男裤)...	200.00	280.00
							(普通销...					2,365.00	220.95
2014	01	21	批发部	林清远	广州东山	人民币	直运销售	批发销售	销售专...	ZY006688	永昌男套装	500.00	940.17
											(永昌男套装)...	500.00	940.17
2014	01	21	批发部	林清远	广州东山	人民币	直运销售	批发销售	销售专...	ZY006688	永昌女套装	500.00	495.73
											(永昌女套装)...	500.00	495.73
							(直运销...					1,000.00	717.95

图3.131 "销售收入明细账"窗口

5. 查询本月销售成本明细账

销售管理系统提供的销售成本明细账可以查询各种销售存货的销售成本情况。销售出库单、出库调整单、销售发票提供销售成本明细账的数据来源。销售成本明细账比销售收入统计表提供的存货销售成本的信息更为详尽,可以兼顾会计和业务的不同需要。如果没有启用总账系统和存货核算系统,则无法查询销售成本明细账。

操作步骤如下:

(1)执行“报表”→“明细账”→“销售成本明细账”命令,进入“条件过滤”窗口。

(2)输入开始时间和结束时间。

(3)在“分组汇总项”选项中,在存货名称和业务类型的“分组汇总列”与“分组小计”中打“√”。

(4)单击“过滤”按钮,系统自动显示查询结果。单击小计“按钮”,可以按存货和客户进行汇总,如图 3.132 所示。

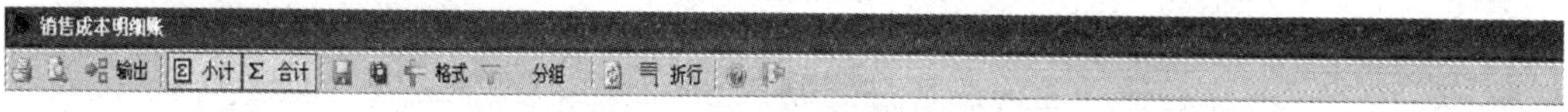

销售成本明细账

记账日期... 全部 全部
单据日期... 全部 全部

会计月	单据日期	记账日期	部门	客户	业务员	单据号	业务类型	存货编码	数量	单价
01	2014-01-10	2014-01-31	门市部	零散客户	何盛昌	0000000001	普通销售	001	20.00	200.00
								(001)小计:	20.00	200.00
01	2014-01-10	2014-01-31	门市部	零散客户	何盛昌	0000000001	普通销售	002	15.00	160.00
								(002)小计:	15.00	160.00
01	2014-01-10	2014-01-31	门市部	零散客户	何盛昌	0000000001	普通销售	004	30.00	60,000.00
								(004)小计:	30.00	60,000.00
							(普通销售)...		65.00	27,790.77
			(门市部)小计:						65.00	27,790.77
01	2014-01-31	2014-01-31	批发部	北京王府井百货公司		0000000003	普通销售	013	-10.00	240.00
01	2014-01-13	2014-01-31	批发部	北京王府井百货公司		ZY000299	普通销售	013	1,000.00	240.00
								(013)小计:	990.00	240.00
01	2014-01-13	2014-01-31	批发部	北京王府井百货公司	林清远	ZY000122	普通销售	012	800.00	220.00

图 3.132 “销售成本明细账”窗口

6. 销售结构分析

销售结构分析可以按照不同分组条件,例如客户、业务员、存货等在任意时间段的销售构成情况进行分析。按照存货可以统计发出的货物占整个发货数量的百分比、分类发出货物的销售收入占全部收入的百分比、发出货物销售额占销售总金额的百分比等数据。在这种条件下,还可以分析货物是否滞销。

(1)执行“报表”→“销售分析”→“销售结构分析”命令,进入“条件过滤”窗口。

(2)输入开始时间和结束时间。

(3)在“分组汇总项”选项中,在存货名称的“分组汇总列”和“分组小计”中打“√”。

(4)单击“过滤”按钮,系统自动显示查询结果。单击“小计”按钮,可以按存货和客户进行汇总,如图 3.133 所示。

部门	业务员	客户所属地区	客户	存货名称	规格型号	发货数量	发货数量%	发货金额	发货金额%
批发部	林清远		上海昌运贸易公司	奥尔马男表				-91,674.00	-2.88%
				(奥尔马男表…				-91,674.00	
批发部			广州市东山百货公司	奥尔马女表		500.00	7.43%	526,500.00	16.52%
				(奥尔马女表…		500.00		526,500.00	
批发部	林清远		上海昌运贸易公司	大地男风衣		600.00	8.92%	182,520.00	5.73%
				(大地男风衣…		600.00		182,520.00	
批发部	林清远		上海昌运贸易公司	大地女风衣		600.00	8.92%	126,360.00	3.97%
				(大地女风衣…		600.00		126,360.00	
批发部	林清远		广州市东山百货公司	永昌男裤		200.00	2.97%	65,520.00	2.06%
				(永昌男裤)…		200.00		65,520.00	
批发部	林清远		上海昌运贸易公司	永昌男套装		600.00	8.92%	936,000.00	29.37%
				(永昌男套装…		600.00		936,000.00	
批发部	林清远		零散客户	永昌男衣		230.00	3.42%	109,395.00	3.43%
				(永昌男衣)…		230.00		109,395.00	

图 3.133 "销售结构分析"窗口

7. 销售毛利分析

销售管理系统提供的销售毛利可以统计货物在不同期间的毛利变动及其影响原因。

(1)执行"报表"→"销售毛利分析"命令,进入"条件过滤"窗口。

(2)在"分组汇总项"选项中,在存货编码和销售类型的"分组汇总列"与"分组小计"中打"√"。

(3)单击"过滤"按钮,系统自动显示查询结果。单击"小计"按钮,可以按存货和客户进行汇总,如图 3.134 所示。

8. 商品销售市场分析

销售管理系统的市场分析可以反映某一时间区间内部门或业务员所负责的客户或地区的销售及其回款情况,还可以反映已发货未开票的比例情况等。

(1)执行"报表"→"销售分析"→"市场分析"命令,进入"条件过滤"窗口。

(2)输入开始时间和结束时间。

(3)在"分组汇总项"选项中,在客户的"分组汇总列"中打"√"。

(4)单击"过滤"按钮,系统自动显示查询结果。单击"合计"按钮,可以按市场进行汇总,如图 3.135 所示。

销售毛利分析

输出　小计　Σ 合计　格式　分组　折行

销售毛利分析

前期:　全部　全部　本期:　全部　全部

部门	客户	币种	存货编码	存货名称	规格型号	前期				本期	
						前期数量	前期售价	前期成本	前期毛利	本期数量	本期售价
门市部	零散客户	人民币	001	永昌女装						20.00	380.00
			(001)...							20.00	380.00
门市部	零散客户	人民币	002	永昌女裤						15.00	230.00
			(002)...							15.00	230.00
门市部	零散客户	人民币	004	永昌男衣						30.00	450.00
			(004)...							30.00	450.00
(门市部)...										65.00	377.69
批发部	广州市东山百...	人民币	003	永昌女套装						1,790.00	476.74
			(003)...							1,790.00	476.74
批发部	广州市东山百...	人民币	004	永昌男衣						200.00	400.00
			(004)...							200.00	400.00
批发部	广州市东山百...	人民币	005	永昌男裤						200.00	280.00

图 3.134　商品销售毛利分析表

市场分析

输出　小计　Σ 合计　格式　分组　折行

市场分析

时间：　全部　全部

部门	客户	发货金额	发货金额%	发货价税合计	发货价税合计%	开票金额	开票金额%	开票价税合计	开票价税合计%	应收余额	应收金额%
批发部	北京王府井百货公司	336,400.00	12.35%	393,588.00	12.35%	338,200.00	11.66%	395,694.00	11.66%	187,700.00	8.69%
批发部	广州市东山百货公司	1,162,00...	42.66%	1,359,540.00	42.66%	1,884,448.72	64.95%	2,204,805.00	64.95%	1,397,50...	64.72%
门市部	零散客户	24,550.00	0.90%	28,723.50	0.90%	24,550.00	0.85%	28,723.50	0.85%	28,723.50	1.33%
批发部	上海昌运贸易公司	1,010,64...	37.11%	1,182,456.00	37.11%	464,000.00	15.99%	542,880.00	15.99%	322,920.00	14.96%
批发部	烟台市大山百货公司	190,000.00	6.98%	222,300.00	6.98%	190,000.00	6.55%	222,300.00	6.55%	222,300.00	10.30%

图 3.135　商品销售市场分析表

9. 综合分析

销售总和分析可以分为动销分析、商品周转率分析、畅适销分析和经营状况分析等。

(1)动销分析。

动销分析可以按商品/部门分析任意时间短销售货物中的动销率及未动销货物的时间构成。

①执行“报表”→“综合分析”→“动销分析”命令，进入“条件过滤”窗口。

②输入开始时间和结束时间。

③在“分组汇总项”选项中，在存货名称、规格型号、经营品种数的“分组汇总列”和“分组小计”中打“√”。

④单击“过滤”按钮，系统自动显示查询结果。单击“合计”按钮，可以按货物进行汇总，如图 3.136 所示。

存货名称	规格型号	经营品种数	动销品种	未动销品种	动销率
奥尔马男表		1.00	1.00		100.00%
奥尔马女表		1.00	1.00		100.00%
大地男风衣		1.00	1.00		100.00%
大地女风衣		1.00	1.00		100.00%
永昌男裤		1.00	1.00		100.00%
永昌男套装		1.00	1.00		100.00%
永昌男衣		1.00	1.00		100.00%
永昌女裤		1.00	1.00		100.00%
永昌女套装		1.00	1.00		100.00%
永昌女装		1.00	1.00		100.00%
钻石男表		1.00	1.00		100.00%
钻石女表		1.00	1.00		100.00%
合计		12.00	12.00		100.00%

图 3.136 "动销分析"窗口

(2) 商品周转率分析。

商品周转率分析的功能是分析某时间范围内某部门所经营商品的周转速度。如果选择周转率类别为发货周转率,则周转指发货;如果选择周转率为销售周转率,则周转指销售周转。

① 执行"报表"→"综合分析"→"商品周转率分析"命令,进入"条件过滤"窗口。

② 输入开始时间和结束时间。

③ 选择周转率类别为"销售周转率"。

④ 在"分组汇总项"选项中,在存货名称、规格型号的"分组汇总列"和"分组小计"中打"√"。

⑤ 单击"过滤"按钮,系统自动显示查询结果。单击"合计"按钮,可以按货物计算周转天数、周转次数、周转率等,如图 3.137 所示。

提示:

(i) 销售管理系统的总和分析只能在商业版中使用,即新建账套时选择"企业类型"为"商业",而且销售管理系统与存货核算系统联合使用时,才可以使用综合分析功能。

(ii) 周转率分析还可以在"条件过滤"窗口选择"发货周转率"进行查询。

(iii) 综合分析还包括畅适销分析和经营状况分析,其查询方法与其他分析方法类似。

商品周转率分析

日期： 2014-01-01　　2014-01-31

存货名称	规格型号	周转数量	周转次数	周转天数	月周转次数
奥尔马男表					
奥尔马女表		500.00	1.47	21.10	1.42
大地男风衣		600.00	-7.44	-4.17	-7.20
大地女风衣		600.00	-2.14	-14.50	-2.07
永昌男裤		200.00	3.65	8.50	3.53
永昌男套装		700.00	23.33	1.33	22.58
永昌男衣		230.00	8.91	3.48	8.62
永昌女裤		15.00	0.18	176.66	0.17
永昌女套装		1,790.00	-4.13	-7.51	-3.99
永昌女装		20.00	0.25	125.01	0.24
钻石男表		980.00	2.08	14.90	2.01
钻石女表		1,700.00	4.36	7.12	4.21
合　　计		7,345.00	30.52	331.92	29.52

图3.137　商品销售周转率分析表

10. 账套备份

在"C:\供应链账套备份"文件夹中新建"666-3-8账套分析"文件夹，将账套输出至"C:\供应链账套备份\666-3-8账表分析"文件夹中。

Chapter 4

库存管理

【功能概述】

1. 库存

库存是指企业为了支持生产、维护、操作和客户服务等各个生产阶段或流通环节,以使生产正常而不间断地进行,或为了及时满足客户的订货需求而设置的必要的各种物料储备。企业进行仓储主要有四个基本原因,即降低运输-生产成本、协调供应和需求、辅助生产以及辅助市场销售。

2. 库存管理

库存管理指与库存物料相关的计划和控制活动。主要是依据企业的生产经营计划,使物料管理工作标准化和高效化,降低库存成本和提供供货率。供应链库存管理是指将库存管理置于供应链之中,在物流过程中,对商品数量的管理。采购部门从供应商采购来的材料或商品,发往库存,通过库存管理支配生产的领料、销售的出库等活动。在量化的管理基础上,以往通常认为仓库里的商品多,表明企业发达、兴隆,实际不然。库存多,占用资金多,利息负担加重;如果过分降低库存,则会出现断档。供应链中的库存管理部分,就是以降低库存成本和提高企业市场反应能力为目的,从点到链、从链到面的库存管理方法。

3. 库存和库存管理的主要作用

在供需之间建立缓冲区,达到缓和用户需求与企业生产能力之间、最终装配需求与零件配件之间,零件加工工序之间、生产厂家需求与原材料供应商之间的矛盾。库存管理适用于诸如制造业、医药、商品、批发、零售、批零兼营、集团应用和远程仓库等各种类型企业,ERP供应链中库存管理系统着重实现工商企业库存管理方面的需求,覆盖目前工业和商业的大部分库存管理工作。

4. 供应链库存管理的特点

供应链库存管理的目标服从于整条供应链的目标,通过对整条供应链上的库存进行计划、组织、控制和协调，将各阶段库存控制在最小限度，从而削减库存管理成本，减少资源闲置与浪费，使供应链上的整体库存成本降至最低。与传统库存管理相比，供应链库存管理不再是作为维持生产和销售的措施，而是作为一种供应链的平衡机制。通过供应链管理，消除企业管理中的薄弱环节，实现供应链的总体平衡。

供应链管理理论是对现代管理思想的发展，其特点主要表现为：

(1)管理集成化。

供应链管理将供应链上的所有节点看成一个有机的整体，以供应链流程为基础，物流、信息流、价值流、资金流、工作流贯穿于供应链的全过程。因此，供应链管理是一种集成化管理。

(2)资源范围扩大。

在传统库存管理模式下，管理者只需考虑企业内部资源的有效利用。供应链管理模式导入后，企业资源管理的范围扩大，要求管理者将整条供应链上各节点企业的资源全部纳入考虑范围，使供应链上的资源得到最佳利用。

(3)企业间关系伙伴化。

供应链管理以最终客户为中心，将客户服务、客户满意与客户成功作为管理的出发点，并贯穿于供应链管理的全过程。由于企业主动关注整条供应链的管理，供应链上各成员企业间的伙伴关系得到加强，企业间由原先的竞争关系转变为"双赢"关系。供应链的形成使供应链上各企业间建立起战略合作关系，通过对市场的快速反应，共同致力于供应链总体库存的降低。因此，库存管理不再是保证企业正常生产经营的措施，而是使供应链管理平衡的机制。

5. 库存的制约因素

(1)库存投资与客户服务之间的平衡。

(2)库存投资与改变生产力水平所伴随的成本之间的平衡。

(3)库存投资与所发放的补充库存的订单之间的平衡。

(4)库存投资与运输成本之间的平衡。

6. 库存管理的决策目标

库存管理的决策目标是在现实的资源(如资金、仓库面积、供应者的政策等)约束下满足订货需要而又使库存成本达到最低。

7. 基于用友 ERP－U8 供应链的库存管理

在用友 ERP－U8 供应链的基础上，从数量的角度管理存货的出入库业务，它实现以下功能：采购入库、销售出库、产成品入库、材料出库、其他出入库、盘点管理和形态转换等业务需要，提供仓库货位管理、批次管理、保质期管理、出库跟踪入库管理和可用量管理等全面业务应用。通过对存货的收发存业务处理，及时动态地掌握各种库存存货信息，对库存安全性进行控制，提供各种储备分析，避免库存积压占用资金，或由材料短缺而影响生产。

库存管理可以单独使用,但更多的应用却是与采购管理、销售管理、物料需求计划、存货核算集成使用,让库存管理在 ERP 供应链管理系统中发挥更加强大的应用功能。

【实验目的与要求】

1. 了解库存管理的初始设置。
2. 掌握各种出入库业务、盘点业务和一些特殊业务等。
3. 了解库存管理与采购管理、销售管理、存货核算模块之间的关系。
4. 了解企业中库存管理的重要作用,认识 ERP 系统库存管理的重要作用。

【课时建议】

建议本章讲授 6 课时,上机操作练习 6 课时。

任务一 调拨业务

已经完成第一~三章的所有任务的操作,从光盘中引入 666-3-7 账套备份数据,以业务日期为 2014 年 1 月 31 日,操作员 111(密码为 1)的身份登录 666 账套的"企业应用平台"。

通过对库存模块中调拨单的显示和打印默认模板进行修改,在表体中增加件数,实现对"调拨业务流程、调拨业务生成的下游单据和生成单据的时点"的基本了解。

【实验资料】

(1)2014 年 1 月 8 日,由于手表仓进行养护维修,将该仓库中的所有钻石女表 455 只和钻石男表 450 只转移到大地服装仓,由仓储部张红负责。

(2)2014 年 1 月 13 日,由于大地服装仓漏水,将 150 件大地女风衣转移到永昌服装仓,以方便维修,由仓储部张红负责。

(3)2014 年 1 月 21 日,手表仓维护完毕,将暂时转入大地服装仓的钻石男表和钻石女表移回手表仓,由仓储部张红负责。

(4)2014 年 1 月 22 日,将由于大地服装仓维修转入永昌服装仓的 150 件大地女风衣转回到大地服装仓,由仓储部张红负责。

【实验指导】

调拨是指存货在仓库之间或部门之间变迁的业务。在同一个业务日期,相同的转入仓库并且相同的转出仓库的所有存货可以填列在一张调拨单上完成调拨业务的账面调动。

1. 第一笔调拨业务的处理

以 2014 年 1 月 8 日的业务日期,在库存管理系统中增加一张调拨单,填列转入仓库、转出仓库、调拨存货、存货数量等信息,并保存和审核该调拨单。

处理流程如下:

①库存管理系统:填制调拨单,并审核。

②库存管理系统:审核调拨单生成的其他出入库单。

③存货核算系统:使用特殊单据记账,对调拨单进行记账。

操作步骤如下:

(1)在库存管理系统中,执行"调拨业务"→"调拨单"命令,打开"调拨单"窗口。

(2)单击"增加"按钮,进入新添调拨业务操作窗口。输入业务日期、转出仓库、转入仓库、出入库类别、经手人、存货等信息,如图4.1所示。

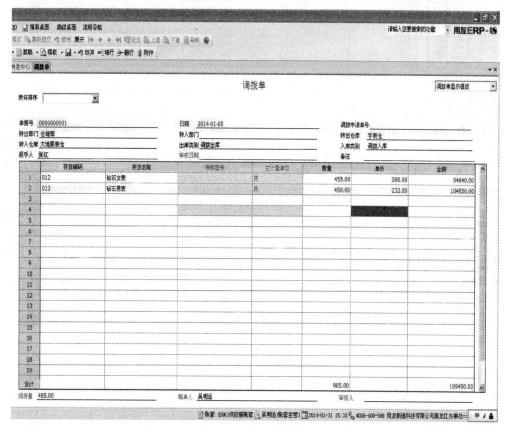

图4.1 "调拨单"窗口

(3)单击"保存"按钮,并审核该调拨单,最后提示审核成功。

(4)在库存管理系统中,执行"入库业务"→"其他入库单"命令,如图4.2所示,并审核该单据。

(5)在库存管理系统中,执行"出库业务"→"其他出库单"命令,如图4.3所示,并审核该出库单据。

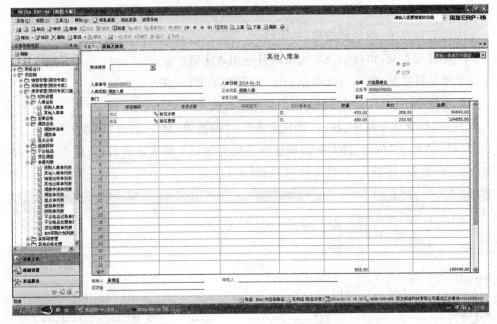

图 4.2　调拨单生成的其他入库单

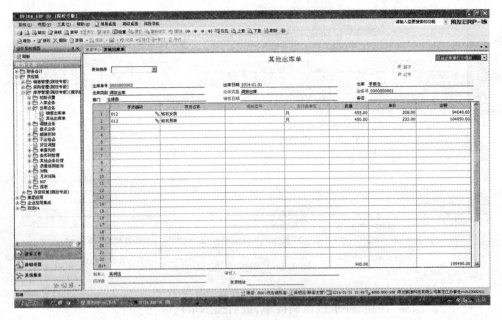

图 4.3　调拨单生成的其他出库单

(6)以 2014 年 1 月 31 日的业务日期,登录存货核算系统,执行"业务核算"→"特殊单据记账"命令,系统弹出"特殊单据记账条件"对话框,如图 4.4 所示,设置特殊单据记账查询条件。

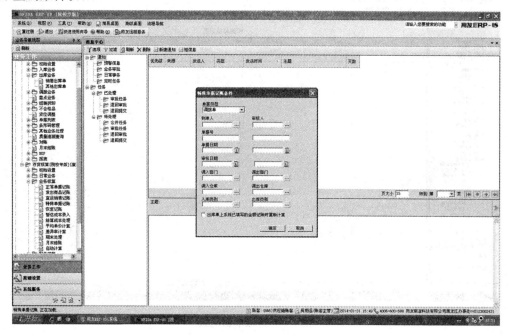

图 4.4 "特殊单据记账条件"对话框

(7)选择单据类型为"调拨单"。此处出库单金额应该来自于存货核算,建议选择"出库单上系统已填写的金额记账时重新计算"复选框,单击"确定"按钮。

(8)如图 4.5 所示,显示有一张调拨单未记账。如果要对该张调拨单记账,可在表体中单击"选择",在其内显示有"Y"标志表示选中该单据,再单击"记账"按钮。

提示:

(i)在初期存货核算模块中设置存货按照仓库核算,此处必须输入转出仓库和转入仓库。

(ii)为了便于账表统计,选择出库类别和入库类别。

(iii)审核之后系统自动根据调出或调入,生成其他出库单和对应的其他入库单,并且对应的其他出库单据处于审核后状态,不允许弃审和修改。如果调拨单被弃审,那么相应的其他出入库单将自动被删除。

2. 第二笔调拨业务的处理

以 2014 年 1 月 13 日的业务日期,在库存管理系统中增加一张调拨单,填列转入仓库、转出仓库、调拨存货、存货数量等信息,并保存和审核该调拨单。

(1)在库存管理系统中,执行"调拨业务"命令,打开"调拨单"窗口。

(2)单击"增加",进入新添调拨业务操作界面。输入业务日期、转出仓库、转入仓库、出入库类别、经手人、存货等信息,如图4.6所示。

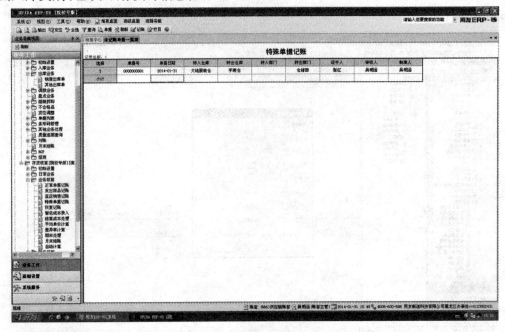

图4.5 特殊单据记账

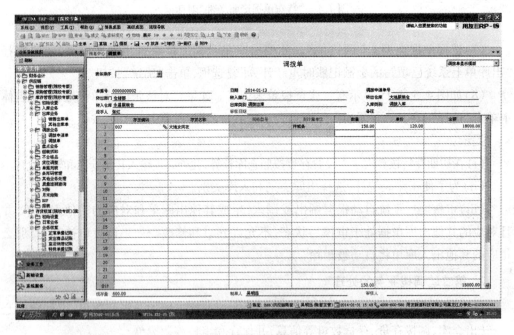

图4.6 "调拨单"窗口

(3)单击"保存"按钮,并审核该调拨单。

（4）在库存管理系统中，对调拨单生成的其他出入单进行审核。

3. 第三笔和第四笔调拨业务的处理

参照第二笔调拨业务的处理。

4. 账套备份

在"C:\供应链账套备份"文件夹中新建"666-4-1 调拨业务"文件夹。将账套输出至"C:\供应链账套备份\666-4-1 调拨业务"文件夹中。

任务二 盘 点

已经完成以上内容，从光盘中导入 666-4-1 账套备份数据，以业务日期 2014 年 1 月 31 日，操作员 111（密码为 1）的身份登录 666 账套的"企业应用平台"。

在初始设置的单据设计中，对库存模块中的盘点单的显示和打印默认模板进行修改，在表体中增加账面件数、盘点件数和盘亏件数。通过本次任务的训练，学生了解盘点的业务流程、盘点单生成的单据和生成单据的时点。

【实验资料】

（1）2014 年 1 月 31 日，仓储部张红对永昌服装仓中的所有存货进行盘点。仓库中的实际数量见表 4.1。

（2）2014 年 1 月 31 日，仓储部张红对大地服装仓中存货大地男风衣进行盘点，该风衣的实际库存数量为 1 280 件。

表 4.1 仓库中的实际数量

仓库名称	存货名称	主计量单位	辅计量单位	换算率	分类名称	现存数量
永昌服装仓	永昌女衣	件或条	包	20.00	服装	70
永昌服装仓	永昌女裤	件或条	包	20.00	服装	85
永昌服装仓	永昌女套装	套			服装	25
永昌服装仓	永昌男衣	件或条	包	20.00	服装	28
永昌服装仓	永昌男裤	件或条	包	20.00	服装	50
永昌服装仓	永昌男套装	套			服装	290
永昌服装仓	大地女风衣	件或条	包	20.00	服装	0

【实验指导】

盘点是指定期或临时对库存商品的实际数量进行清查、清点的作业，即为了掌握货物的流动情况(入库、在库、出库的流动状况),对仓库现有物品的实际数量与保管账上记录的数量相核对,以便准确地掌握库存数量。根据记录的所有业务得到账面数量,在手工录入仓库中,实际库存数量即盘点数量,系统根据它们之间的差异,通过填制盘点单,判断盘亏或盘盈,再自动生成其他出入库单。

1. 第一笔盘点业务的处理

以2014年1月31日为业务日期,登录库存管理系统,添加盘点单,设置盘点的仓库、存货、盘点数量等。

【实验流程】

处理流程如下:

(1)在库存管理系统:填制盘点单。

(2)在库存管理系统:审核盘点单。

(3)在库存管理系统:根据盘盈或盘亏,系统自动生成其他出入库单,审核其他出入库单。

(4)在存货核算系统:对系统生成的其他出入库单进行记账。

操作步骤如下:

(1)在库存管理系统中,单击"盘点业务",打开盘点单。

(2)单击"增加"按钮,进入新添盘点业务操作页面。输入业务日期为"2014年1月31日",选择盘点仓库为"永昌服装仓",出入库类别分别为"盘亏出库"和"盘盈入库",并填写经手人等信息,如图4.7所示。

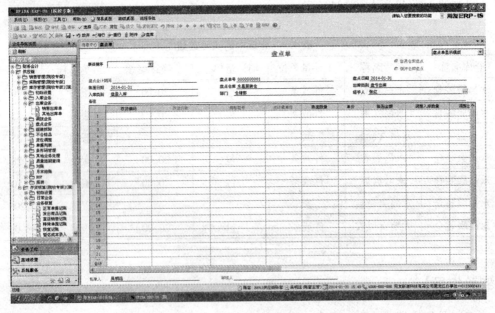

图4.7 新添盘点业务

（3）单击"盘库"按钮，系统提示如图4.8所示，表示将表体中的内容清空。

（4）单击"是"按钮，系统弹出如图4.9所示对话框。

（5）在图4.9中选择"按仓库盘点"和"账面为零时是否盘点"选项，系统自动将该仓库中的存货和存货在该仓库中的账面数量逐一列出，并按照盘点库存中的实际存货存储数量对应盘点单上相应的存货，逐一填列在"盘点数量"或"盘点件数"栏，盘点数量见表4.1。单击"保存"按钮，保存该盘点单，并单击"审核"按钮，审核该盘点单。

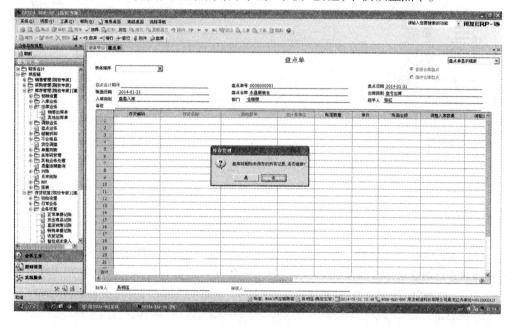

图4.8 系统提示

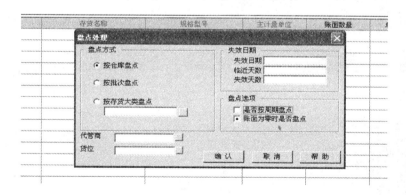

图4.9 "盘点处理"对话框

（6）在盘点单上如果有盘亏的存货，则在库存管理系统中，执行"出库业务"→"其他出库单"命令，打开其他出库单，如图4.10所示。

(7)单击"审核",审核该其他出库单。

图 4.10 "其他出库单"窗口

(8)经过确认,对永昌服装仓盘盈的 8 包永昌男衣以单价 58 000 元入账。以 2014 年 1 月 31 日的业务日期登录存货核算系统,执行"日常业务"→"其他入库单"命令,打开其他入库单之后,单击"修改"按钮,在"单价"栏中输入"58 000",再单击"保存"按钮,如图 4.11 所示。

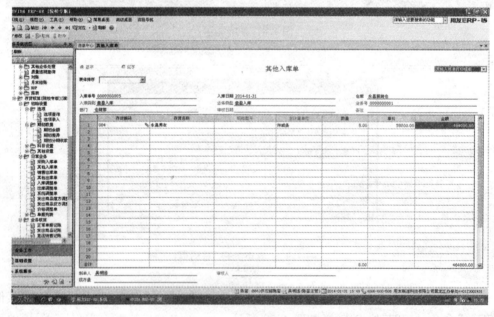

图 4.11 修改其他入库单

提示：

（i）必须先选择仓库，才能选择存货。

（ii）盘点时在日常业务中允许零出库（即允许账面负结存），盘库时选择"账面为零时是否盘点"项。或者在表体内容中找出结存的存货记录，先将其删掉，待后期账面为正数时再对其进行盘点。

（iii）存货可以设置盘点周期和盘点时间，盘点时可以按周期进行盘点。

2. 第二笔盘点业务的处理

以2014年1月31日为业务日期，登录库存管理系统，填列盘点单，设置盘点的仓库、存货、盘点数量等。

操作步骤如下：

（1）在库存管理系统中，执行"盘点"命令，打开"盘点单"窗口。

（2）单击"增加"按钮，进入新添盘点业务操作界面。输入业务日期"2014年1月31日"，选择盘点仓库为"大地服装仓"，出入库类别分别为"盘亏出库"和"盘盈入库"，并填写经手人信息，在表体中选择存货"大地男风衣"，系统自动显示出该存货的账面数量，在盘点件数中输入大地服装仓中的实际存储数量"1 280"。

（3）单击"保存"按钮，再单击"审核"按钮，审核该盘点单。

3. 账套备份

在"C:\供应链账套备份"文件夹中新建"666-4-2盘点"文件夹。将账套输出至"C:\供应链账套备份\666-4-2盘点"文件夹中。

任务三　其他业务

现已完成前三章以及本章的调拨和盘点任务，从光盘中导入666-4-2账套备份数据，以业务日期2014年1月31日，操作员111（密码为1）的身份登录666账套的"企业应用平台"。

通过本次任务的训练，学生学会设置库存管理的参数，了解单据的修改，在其他出库单表体项目中增加"件数"。在库存基础档案的存货档案中修改存货钻石男表的库存，默认计量单位为只。

【实验资料】

（1）2014年1月31日，经查由于仓库养护，造成永昌服装仓中50条永昌女裤破损，无法使用。经过领导批示，该批存货布料还可以改做拖布，确认残值100元。

（2）2014年1月31日，经查由于仓储部张红对仓库中货物的保管不当，造成手表仓中1块钻石男表严重损坏，无法使用。经领导批示，损失由张红承担。

【实验指导】

其他业务是除指入库、盘点、调拨业务之外的业务,主要包括一些特殊情况的处理。

1. 第一笔其他业务的处理

以 2014 年 1 月 31 日为业务日期,登录库存管理系统,添加其他出库单。

操作步骤如下:

(1)在库存管理系统中,执行"出库业务"→"其他出库单"命令,打开"其他出库单"窗口。

(2)单击"增加",进入新添其他出库单操作状态。添加出库日期:2014 年 1 月 31 日;出库:永昌服装仓;出库类别:其他出库;存货:永昌女裤50 条等信息,如图 4.12 所示。

(3)单击"保存"按钮,并审核其他出库单。

(4)在存货核算系统中,执行"业务核算"→"正常单据记账"命令,选择"永昌服装仓",单据类型为"其他出库单",收发类别为"其他出库",如图 4.13 所示。

(5)单击"确定"按钮,对该张出库单进行记账,选择该单据,单击"记账"按钮。

提示:在处理该类型业务时,为了方便在存货核算系统中生成凭证,建议单独设置收发类别,或者使用"其他出库"以示区别。

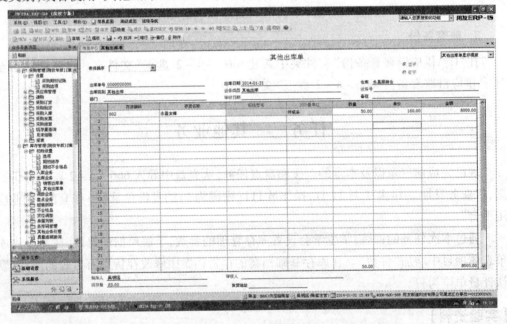

图 4.12 其他出库单

2. 第二笔其他业务的处理

以 2014 年 1 月 31 日为业务日期,登录库存管理系统,添加其他出库单。

第四章 库存管理

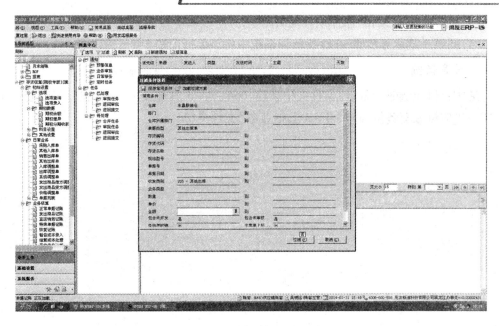

图 4.13 正常单据记账过滤

操作步骤如下：

(1) 在库存管理系统中,执行"出库业务"→"其他出库单"命令,打开"其他出库单"窗口。

(2) 单击"增加"按钮,进入新添其他出库单操作状态。添加出库日期:2014 年 1 月 31 日;仓库:手表仓;出库类别:其他出库;存货:钻石男表 1 只等信息,如图 4.14 所示。

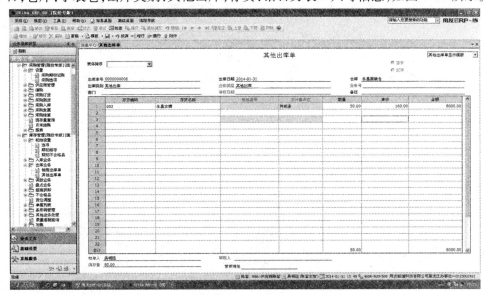

图 4.14 "其他出库单"窗口

221

(3)单击"保存"按钮,保存该其他出库单,并审核该单据。

(4)同第一笔业务步骤,在存货核算系统中将该单据记账。

3. 账套备份

在"C:\供应链账套备份"文件夹中新建"666-4-3 其他业务"文件夹。将账套输出至"C:\供应链账套备份\666-4-3 其他业务"文件夹中。

第五章
Chapter 5

存货核算

【功能概述】

1. **存货**

存货是指企业在生成经营过程中为销售或耗用而存储的各种有形资产。具体包括各种原材料、燃料、包装物、低值易耗品、委托加工材料、在产品、产成品、商品等。存货范围的确认应以企业对存货是否具有法定所有权为依据,凡在盘存日期法定所有权属于企业的一切物品,不论其存放何处或处于何种状态,都应作为企业的存货。

2. **存货核算**

存货核算是用于核算和分析所有业务中的存货耗用情况,正确计算存货购入成本,为企业成本核算的基础数据;动态掌握存货资金的变动,减少存货资金积压,加速资金周转;支持企业多种核算方法;与采购管理或销售管理一起使用,可暂估采购入库或销售出库的成本核算。存货核算是从资金的角度管理存货的出入库业务,掌握存货耗用情况,及时准确地把各类存货成本归集到各成本项目和成本对象上。存货核算主要用于核算企业的入库成本、出库成本及结余成本。反映和监督存货的收发、领退和保管情况;反映和监督存货资金的占用情况,动态反映存货资金的增减变动、提供存货资金周转和占用分析,以降低库存,减少资金积压。存货核算管理得好坏直接影响着企业的资产质量、产品成本的高低、利润的增减变化。

3. **存货核算的功能**

(1)添加或修正存货暂估价格。
(2)对存货价格、价值进行调整。
(3)对业务单据进行记账处理。
(4)对记账单据按照存货计价方法进行计算,为成本计算提供数据等。

4. **存货核算的应用价值**

存货核算系统针对企业存货的收发存业务进行核算,掌握存货的耗用情况,及时准确地把各类存货成本归集到各成本项目和成本对象上,为企业的成本核算提供信息,并可动态地反映存货资金的增减变动情况,提供存货资金周转和对占用的分析,在保证生产经营的前提下,降低库存量,减少资金积压,加速资金周转,具有及时性、可靠性和准确性。

5. 存货核算系统与其他系统的关系

存货核算系统可对采购管理系统生成的采购入库单记账,对采购暂估入库单进行暂估报销处理。存货核算系统可对库存管理系统生成的各种出入库单据记账核算。企业发生的正常销售业务的销售成本可以在存货核算系统根据所选的计价方法自动计算;企业发生分期收款业务和委托代销业务时,存货核算系统可以对销售管理系统生成的发货单和发票记账并确认成本。在存货核算系统中,进行出入库成本记账的单据可以生成一系列的物流凭证传入总账系统,实现财务和业务的一体化。成本管理系统可以将存货核算系统中材料出库单的出库成本自动读取出来,作为成本核算时的材料成本;成本管理系统完成成本计算后,存货核算系统可以从成本管理系统中读取其计算的产成品成本,并且分配到未记账的产成品入库单中,作为产成品入库单的入库成本。

存货核算系统与其他系统的关系如图 5.1 所示。

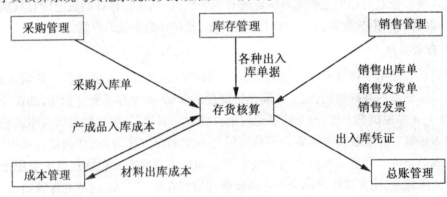

图 5.1　存货核算系统与其他系统的关系

6. 基于用友 ERP-U8 供应链的库存管理

存货核算系统是用友 ERP-U8 供应链管理系统的一个子系统,存货核算系统主要针对企业存货的收发存业务进行核算,掌握存货的耗用情况,及时准确地把各类存货成本归集到各成本项目和成本对象上,为企业的成本核算提供基础数据。存货核算系统的主要功能包括存货出入库成本的核算、暂估入库业务处理、出入库成本的调整、存货跌价准备的处理等。

第五章 存货核算

【实验目的与要求】

（1）了解存货核算的初始设置，暂估成本的录入、单据记账和特殊单据记账、存货期末处理等。

（2）了解存货核算与其他模块间的关系，存货核算的作用。

（3）加深对存货核算的认识，了解企业中存货核算的基本方法和步骤，以便为成本计算提供精确的数据。

【课时建议】

建议本章讲授6课时，上机操作练习8课时。

任务一　存货价格及结算成本处理

在完成以上任务的基础上，从光盘中导入666－4－3账套备份数据，以日期为2014年1月31日，操作员111（密码为1）的身份，登录"企业应用平台"。

通过本次任务的训练，学生了解暂估入库单价格的检验方法和暂估价的几种录入方法；了解仓库中存货价格调整方法或者单据中存货价格调整方法；了解暂估处理流程和方法。

【实验资料】

（1）2014年1月31日，检查是否有入库单上存货无价格，并给这些单据录入价格。

（2）2014年1月31日，经核查永昌服装仓中永昌女衣存货价格偏低，经过调研和批准将其由200元调整为210元，由于该存货在该仓库中存储数量为80件，即将总金额从现在的16 000元，调整为16 800元。

（3）2014年1月31日，检查本期进行采购结算，需要进行结算成本暂估处理的单据，并对其进行暂估处理。

【实验指导】

检查所有采购入库单或部分其他入库单上存货是否有价格，对于录入的暂估价格是否更真实，可以在存货核算模块的暂估成本录入窗口中完成，并且系统还提供上次出入库成本、售价成本、参考成本及结存成本作为暂估成本的录入参照。

对于账面上存货的成本，如果价格或价值错误或远远偏离市值，系统使用出入库调整单进行调整。

对于前期暂估采购入库单本期进行采购结算，即已经记账的暂估采购入库单进行采购结算，需要对结算的单据或结算的存货进行结算成本处理，以至对暂估部分按照系统设置的暂估方式进行处理。

1. 第一笔业务的处理

以2014年1月31日为业务日期,在存货核算系统中,打开采购入库单列表和其他入库单列表,检查有没有单价的记录。建议采用打开暂估成本录入,在过滤条件下显示单据即为暂估单据,并可对其成本进行修正。

操作步骤如下:

(1)在存货核算系统中,执行"业务核算"→"暂估成本录入"命令,设置暂估成本录入查询条件,如图5.2所示。

(2)选择仓库,其他查询条件如果不输入,默认为所有单据。如果是有暂估价的单据,要查询所有单据,必须选择"包括已有暂估金额的单据"复选框。单击"确定"按钮。

(3)如果需要修改单价或金额,可以直接在表体中进行修改,也可以通过步骤(2)所生成的对话框右上角进行选择:售价成本、参考成本、上次入库成本、上次出库成本或结存成本,再单击"录入"按钮进行系统自动录入。

(4)单击"保存"按钮,即保存设置的单价。

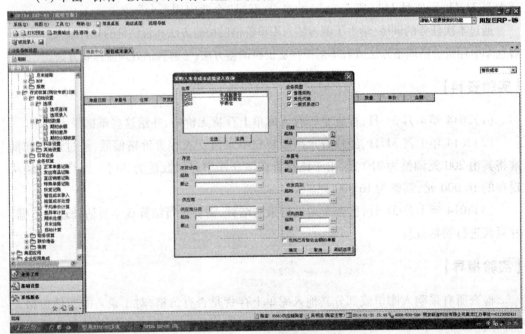

图5.2 采购入库单录入查询

提示:

(i)在进行暂估成本录入单据查询时,如果这类单据的数量特别大,建议设置查询条件,分批进行录入,以免造成错误,提高效率。

(ii)对于有暂估价的单据也可以在此修改。

(iii)可以通过执行"日常业务"→"采购入库单"命令修改金额。

(iv)将所有没有价格的采购入库单录入价格。

2. 第二笔业务的处理

以2014年1月31日为业务日期,在存货核算系统中打开入库调整单,调整存货的总价值,即在系统中增加一张只有金额没有数量的入库单。

操作步骤如下:

(1)在存货核算系统中,执行"日常业务"→"入库调整单"命令。

(2)单击"增加"按钮,填列仓库为"永昌服装仓",收发类别为"其他入库",存货为"永昌女衣",调整金额800元,如图5.3所示。

(3)单击"保存",再单击"记账",使增加的金额入账。

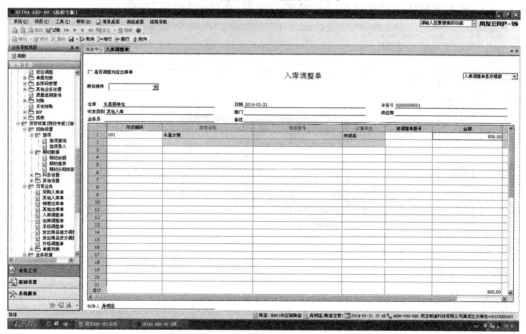

图5.3 入库调整单

提示:

(i)在入库调整单中,如果不输入被调整单据号,则视为调整该仓库下的所有存货,金额记入仓库下存货的总金额。

(ii)如果要调整某一张采购入库单,则先记下该采购入库单的单据号,并填列到入库调整单中的"被调整单据号"中,此时金额栏中的金额应对应入库单上该存货的金额。

(iii)如果要调整采购入库单,则该采购入库单必须是在采购管理系统中做过采购结算的采购入库单。

3. 第三笔业务的处理

以 2014 年 1 月 31 日的业务时间登录存货核算系统,按照系统设置的暂估处理方法处理所有的暂估单据。

处理流程如下:

①存货核算系统:打开业务核算中的结算成本处理。

②存货核算系统:对所有暂估单据进行暂估处理。

操作步骤如下:

(1)以 2014 年 1 月 31 日为业务日期,登录存货核算系统,执行"业务核算"→"结算成本处理"命令,系统弹出"暂估处理查询"对话框,如图 5.4 所示。

(2)可以选择所有的仓库,其他条件为空,即默认所有设置,单击"确定"按钮。

(3)单击单据体中需要进行暂估处理的单据,再单击"暂估"按钮。

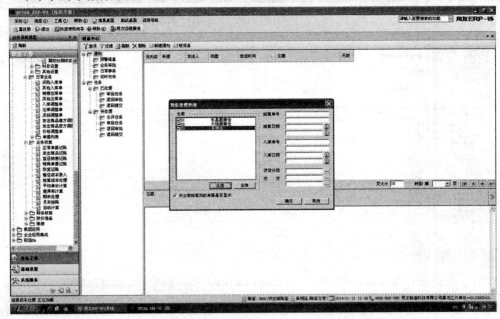

图 5.4 "暂估处理查询"对话框

提示:

(i)在暂估结算表中显示的单据是前期或本期已经记账,且记账之后再进行采购结算的单据。

(ii)此处暂估结算是为了系统按照存货期初设置的暂估处理方式所进行暂估的处理。

4. 账套备份

在"C:\供应链账套备份"文件夹中新建"666 - 5 - 1 存货价格及结算成本处理"文件

夹。将账套输出至"C:\供应链账套备份\666-5-1存货价格及结算成本处理"文件夹中。

任务二 单据记账

从光盘中导入 666-5-1 账套备份数据,以业务日期为 2014 年 1 月 31 日,操作员 111(密码为 1)的身份登录 666 账套的"企业应用平台"。

通过本次任务的训练,学生了解特殊单据、直运业务单据和正常单据的记账作用;了解各种单据记账的流程。

【实验资料】

(1)2014 年 1 月 31 日,进行特殊单据记账,将所有的特殊业务单据进行记账。
(2)2014 年 1 月 31 日,进行正常单据记账,将所有的正常业务单据进行记账。

【实验指导】

单据记账是登记存货明细账、差异明细账/差价明细账、受托代销商品明细账和受托代销商品差价账,同时是对除全月平均法外的其他几种存货计价方法,对存货进行出库成本的计算。

特殊单据记账时针对调拨单、形态转换、组装单据,它的特殊性在于这类单据都是出入库单据对应的,并且其入库的成本数据来源于该存货原仓库按照存货计价方法计算出的出库成本。

处理流程如下:

①存货核算系统:进行特殊单据记账。
②存货核算系统:进行正常单据记账。

1. 第一笔业务的处理

操作步骤如下:

(1)以 2014 年 1 月 31 日的业务日期,登录存货核算系统,执行"业务核算"→"特殊单据记账"命令,系统弹出如图 5.5 所示对话框。

(2)单据类型选择"调拨单",单击"确定"按钮,进入"特殊单据记账"窗口。

(3)对全部单据进行记账,单击"全选"按钮,或者单击表体中需要记账的单据,再单击"记账"按钮。

2. 第二笔业务的处理

操作步骤如下:

(1)以 2014 年 1 月 31 日的业务日期,登录存货核算系统,执行"业务核算"→"正常单据记账"命令,系统弹出如图 5.6 所示对话框。

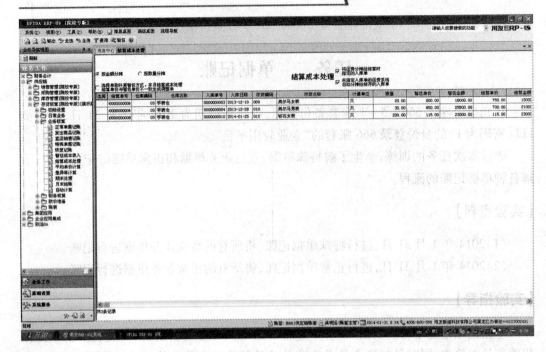

图 5.5 "特殊单据记账条件"对话框

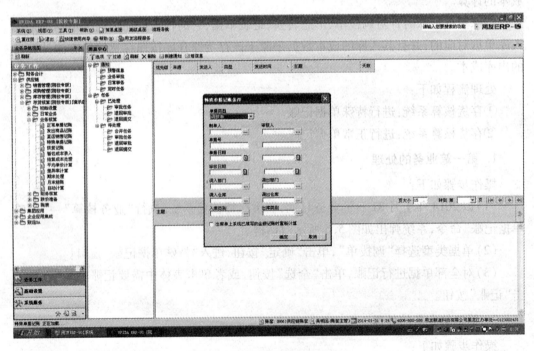

图 5.6 "过滤条件选择"对话框

(2)选择所有的仓库和所有的单据类型,"包含未审核单据"和"出库单上所填金额重新计算"选择"是",单击"过滤"按钮。

(3)单击"全选"按钮,再单击"记账"按钮。

提示:

(ⅰ)记账时如果单据量特别大,则可以将仓库、分收发类别分开进行记账。

(ⅱ)记账前先检查所有入库单,即检查采购入库单和其他入库单是否有单价。

(ⅲ)在进行单据记账时,注意各单据的颜色,以分辨该单据是否能进行记账操作。

3. 账套备份

在"C:\供应链账套备份"文件夹中新建"666-5-2单据记账"文件夹。将账套输出至"C:\供应链账套备份\666-5-2单据记账"文件夹中。

第六章
Chapter 6

期末处理

【功能概述】

企业的经理、投资者、债权人等决策者都需要关于企业经营状况的定期信息,通过月末结账,根据结算账目编制财务报告,核算财务状况和资金变动情况,以及企业的供应链管理所需要的各种相关数据报表等。

在用友 ERP-U8 管理系统中,月末业务处理是自动完成的,企业完成当月所有工作后,系统将相关各个系统的单据封存,各种数据记入有关的账表中,完成会计期间的月末处理工作。

【实验目的与要求】

1. 掌握供应链管理系统的月末处理的方法。
2. 掌握月末凭证的生成与查询的方法。
3. 掌握账表查询的方法。

【课时建议】

建议本章讲授 4 课时,上机操作练习 4 课时。

任务一 期末处理

从光盘中引入 666-5-2 账套备份数据,以日期为 2014 年 1 月 31 日,操作员 111(密码为 1)的身份登录 666 账套的"企业应用平台"。

通过本次任务的练习,学生了解期末处理的作用、各种存货计价方法下期末处理的计算原理以及期末处理其他各模块的状态。

【实验资料】

(1)2014 年 1 月 31 日,对永昌服装仓进行期末处理。

(2)2014年1月31日,对大地服装仓进行期末处理。

(3)2014年1月31日,对手表仓进行期末处理。

【实验指导】

期末处理应当在日常业务全部完成后,采购和销售管理系统做结账处理后进行。它是计算按全月平均方式核算的存货的全月平均单价及其本会计月出库成本,计算按计划价/售价方式核算的存货的差异率/差价率及其本会计月的分摊差异/差价,并对已完成日常业务的仓库、部门、存货做处理标志。

1. 第一笔业务的处理

操作流程如下:

①存货核算系统:对所有单据记账。

②采购管理系统:进行采购管理系统月末结账。

③销售管理系统:进行销售管理系统月末结账。

④库存管理系统:进行库存管理系统月末结账。

⑤存货核算系统:对仓库进行期末处理。

操作步骤如下:

(1)以2014年1月31日的业务日期,登录采购管理系统后,执行"月末结账"命令,并选择会计月份为1月份,单击"结账",系统弹出"月末结账完毕"信息提示框,且1月份是否结账处显示"已结账",如图6.1所示。单击"退出"按钮。

图6.1 采购月末结账

(2)以2014年1月31日的业务日期,登录销售管理系统后,执行"月末结账"命令,进入"销售结账"窗口。单击"月末结账"按钮,最后 1 月份是否结账显示"是",如图 6.2 所示。单击"退出"按钮。

(3)以 2014 年 1 月 31 日的业务日期,登录库存管理系统后,执行"月末结账"命令,进入"库存结账"窗口。单击"结账"按钮,最后 1 月份是否结账显示"是",如图 6.3 所示。单击"退出"按钮。

(4)以 2014 年 1 月 31 日的业务日期,登录存货核算系统后,执行"业务核算"→"期末处理"命令,打开"期末处理"对话框,如图 6.4 所示。

(5)选择"永昌服装仓",并选中"结存数量为零金额不为零生成出库调整单"复选框,单击"确定",系统提示仓库期末处理完毕。

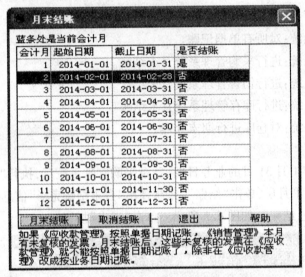

图 6.2 销售月末结账

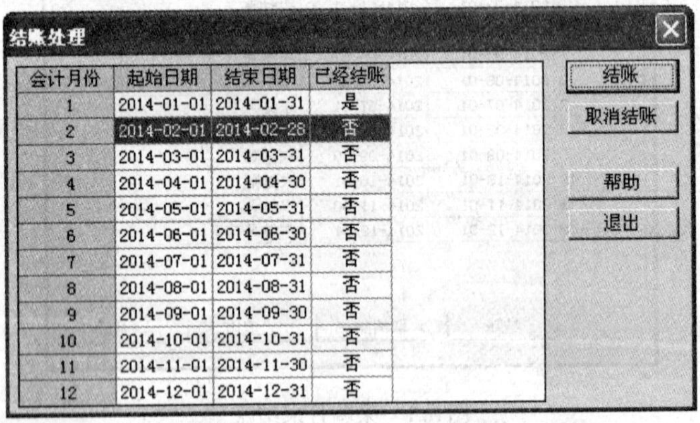

图 6.3 库存月末结账

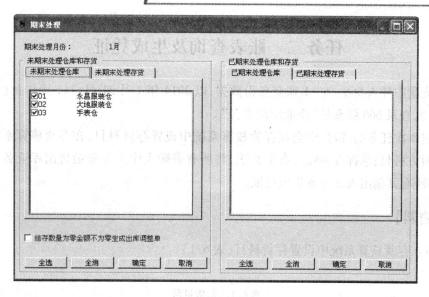

图 6.4 期末处理

2. 第二笔业务的处理

操作步骤重复第一笔业务。

(1)选择"大地服装仓",并选中"结存数量为零金额不为零生成出库调整单"复选框,单击"确定"按钮,系统根据成本核算方法计算并生成"仓库平均单价计算表"。

(2)单击"确定"按钮,系统打开"结存数量为零金额不为零存货一览表"窗口,单击"确定"按钮,系统提示仓库期末处理完毕。

3. 第三笔业务的处理

操作步骤基本同第一笔业务,但选择采用售价方式时需要进行差异率的计算。

(1)计算差异率,单击"确定"按钮。

(2)系统弹出"差价结转单"窗口,将差价进行结转,单击"确定"按钮,系统提示仓库处理完毕。

4. 账套备份

在"C:\供应链账套备份"文件夹中新建"666-6-1期末处理"文件夹。将账套输出至"C:\供应链账套备份\666-6-1期末处理"文件夹中。

任务二 账表查询及生成凭证

从光盘中导入 666-6-1 账套备份数据,以 2014 年 1 月 31 日,111 操作员(密码为 1)的身份,登录 666 账套的"企业应用平台"。

通过本次任务的练习,学会在存货核算系统中设置存货科目,在存货核算系统中设置存货对方科目;掌握查询收发存汇总表,将所有采购入库业务和销售出库业务生成凭证,并将所有其他出入库业务生成凭证。

【实验资料】

(1)在存货核算系统中设置存货科目(表 6.1)。

表 6.1 存货科目

存货分类编码	存货分类名称	存货科目编码	存货科目名称	差异科目编码	差异科目名称	分期收款发出商品科目编码	分期收款发出商品科目名称	委托代销发出商品科目编码	委托代销发出商品科目名称
01001	服装	1405	库存商品	1404	材料成本差异	1405	库存商品	1321	受托代销商品
01002	手表	1405	库存商品	1404	材料成本差异	1405	库存商品	1321	受托代销商品

(2)在存货核算系统中设置存货对方科目(表 6.2)。

表 6.2 存货对方科目

收发类别编码	收发类别名称	对方科目编码	对方科目名称	暂估科目编码	暂估科目名称
101	采购入库	1401	材料采购	220202	暂估应付款
201	销售出库	6401	主营业务成本		
103	盘盈入库	1901	待处理财产损益		
203	盘亏出库	1901	待处理财产损益		

【实验指导】

账簿查询是检验本期经营状况,了解本期成本和经营业绩等。同时可以了解存货在库存中的存储状况及该存货的资金占用情况,以便分析公司的库存状况和资金的利用情况,并为后期库存提出规划和生产建议等。

生成凭证是将所有经济业务最终以会计凭证的形式体现,以保障把所有的业务都体现在会计账簿上,便于财务做报表,分析本期盈亏和经营状况等。

1. 设置存货核算系统的会计科目

在存货核算系统中分别设置存货科目和存货对方科目。

2. 查询收发存汇总表

(1)以2014年1月31日的业务日期,登录存货核算系统,执行"账表"→"汇总表"→"收发存汇总表"命令,如图6.5所示,设置报表查询条件。

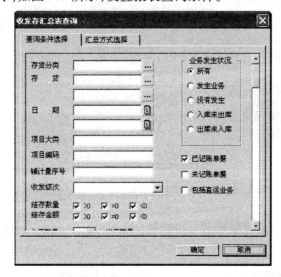

图6.5 收发存汇总表查询

(2)如果只是查询,则具体存货可以在"存货分类"或"项目编码"中选择;如果选择查询具体仓库的信息,则在"汇总方式选择"选项卡中,设置好查询条件单击"确定"。

提示:在查询时,要注意结存数量和结存金额查询条件,并注意检查两个选项卡的查询条件,以免查询出的数字有偏差。

3. 生成记账凭证

以2014年1月31日的业务日期登录存货核算系统。

处理流程如下:

①存货核算系统:设置生成凭证查询条件。

②存货核算系统:设置业务单据合成并生成凭证条件。

③存货核算系统:设置凭证科目,生成凭证。

操作步骤如下：

(1)以 2014 年 1 月 31 日作为业务日期登录存货核算系统，执行“财务核算”→“生成凭证”命令，设置生成凭证查询条件。

(2)将凭证类别改为“转账凭证”后，单击“选择”按钮，系统弹出生成凭证“查询条件”对话框，如图 6.6 所示。

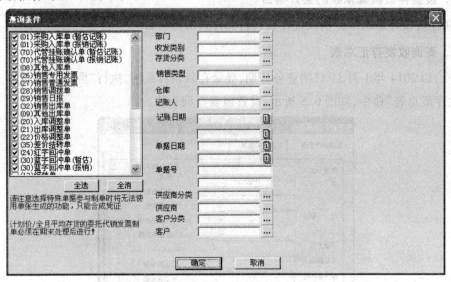

图 6.6　生成凭证“查询条件”对话框

(3)选择排除其他出入库单击的其他所有单据，单击“确定”按钮，系统弹出如图 6.7 所示窗口。

☐ 已结算采购入库单自动选择全部结算单上单据(包括入库单、发票、付款单)，非本月采购入库单按蓝字报销单制单

未生成凭证单据一览表

选择	记账日期	单据日期	单据类型	单据号	仓库	收发类别	记账人	部门	部门编码	所属部门	业务单号	业务类型	计价方式
	2014-01-31	2014-01-07	发货单	0000000019	大地服装仓	销售出库	吴明远	批发部	0301			分期收款	全月平均法
	2014-01-31	2014-01-07	专用发票	ZY002689	大地服装仓	销售出库	吴明远	批发部	0301			分期收款	全月平均法
	2014-01-31	2014-01-10	专用发票	ZY000165	手表仓	销售出库	吴明远	批发部	0301			普通销售	售价法
	2014-01-31	2014-01-13	专用发票	ZY000122	手表仓	销售出库	吴明远	批发部	0301			普通销售	售价法
	2014-01-31	2014-01-13	专用发票	ZY000299	手表仓	销售出库	吴明远	批发部	0301			普通销售	售价法
	2014-01-31	2014-01-23	专用发票	ZY000378	手表仓	销售出库	吴明远	批发部	0301			普通销售	售价法
	2014-01-31	2014-01-25	采购入库单	0000000010	手表仓	采购入库	吴明远	采购部	04			普通采购	售价法
	2014-01-31	2014-01-28	采购入库单	0000000011	手表仓	采购入库	吴明远	采购部	04			普通采购	售价法
	2014-01-31	2014-01-28	采购入库单	0000000012	手表仓	采购入库	吴明远	采购部	04			普通采购	售价法
	2014-01-31	2014-01-29	专用发票	ZY000578	手表仓	销售出库	吴明远	批发部	0301			普通销售	售价法
	2014-01-31	2014-01-30	专用发票	0000000001	手表仓	销售出库	吴明远	批发部	0301			普通销售	售价法
	2014-01-31	2014-01-30	专用发票	0000000002	永昌服装仓	销售出库	吴明远	批发部	0301			普通销售	先进先出法
	2014-01-31	2014-01-31	采购入库单	0000000013	永昌服装仓	采购入库	吴明远	采购部	04			普通采购	先进先出法
	2014-01-31	2014-01-31	采购入库单	0000000014	永昌服装仓	采购入库	吴明远	采购部	04			普通采购	先进先出法
	2014-01-31	2014-01-31	采购入库单	0000000015	大地服装仓	采购入库	吴明远	采购部	04			普通采购	全月平均法
	2014-01-31	2014-01-31	其他出库单	0000000003	手表仓	调拨出库	吴明远	仓储部	05		0000000001	调拨出库	售价法
	2014-01-31	2014-01-31	其他出库单	0000000004	大地服装仓	调拨出库	吴明远	仓储部	05		0000000002	调拨出库	全月平均法
	2014-01-31	2014-01-31	其他出库单	0000000005	永昌服装仓	盘亏出库	吴明远	仓储部	05			盘亏出库	先进先出法
	2014-01-31	2014-01-31	其他出库单	0000000006	永昌服装仓	其他出库	吴明远					其他出库	先进先出法
	2014-01-31	2014-01-31	其他出库单	0000000007	手表仓	其他出库	吴明远					其他出库	售价法
	2014-01-31	2014-01-31	入库调整单	0000000001	永昌服装仓	其他入库	吴明远						先进先出法
	2014-01-31	2014-01-31	入库调整单	0000000002	手表仓		吴明远					暂估报销	售价法
	2014-01-31	2014-01-31	入库调整单	0000000003	手表仓		吴明远					暂估报销	售价法
	2014-01-31	2014-01-31	专用发票	0000000003	手表仓	销售出库	吴明远	批发部	0301			普通销售	售价法
	2014-01-31	2014-01-31	专用发票	ZY010999	永昌服装仓	销售出库	吴明远	批发部	0301			分期收款	先进先出法

图 6.7　“未生成凭证单据一览表”窗口

（4）单击"全选"按钮,再单击"确定"按钮。

（5）设置凭证会计科目,对于系统调整单或出入库调整单,先记入待处理流动资产损益,待确认处理后转出。科目设置完毕后可单击"生成"或"合成"生成凭证。生成是指生成凭证时,一笔业务对应一张凭证；合成是将所有选择号一样的单据生成一张凭证。单击"合成"按钮,生成一张转账凭证。

提示：

（i）将所选单据生成凭证时,对于不同的选择号可以生成不同的凭证。

（ii）生成凭证可以按照不同的收发类别分开或合并生成,以方便查阅。

（iii）如果有业务单据没有设置收发类别,此处可能部分单据不能自动带出预设的会计科目。

4. 存货核算月末处理

对于其他出入库单,可能涉及很多特殊单据,一般建议设置收发类别时尽量详细,以便于包含所有经济业务,使得在预设会计科目时能包含这些科目。对于有些特殊的业务,建议设置时通过待处理流动资产损益科目,待经济业务确定,在总账系统中进行统一调整。

将存货核算系统进行月末结账。

操作步骤如下：

选择存货核算系统中"业务核算"→"月末结账"命令,即可完成存货核算系统的结账工作。

5. 账套备份

在"C:\供应链账套备份"文件夹中新建"666-6-2账表查询及生成凭证"文件夹。将账套输出至"C:\供应链账套备份\666-6-2账表查询及生成凭证"文件夹中。

参考文献

[1] 赵建新,宋郁,周宏. 新编用友 ERP 供应链管理系统实验教程[M]. 北京:清华大学出版社,2012.

[2] 张前. ERP 沙盘模拟原理与实训[M]. 北京:清华大学出版社,2013.

[3] 郑称德. 高等学校 ERP 系列教材:企业资源计划(ERP)[M]. 北京:清华大学出版社,2010.

[4] 张涛. 高等院校精品课程系列教材:企业资源计划(ERP)原理与实践[M]. 北京:机械工业出版社,2010.

[5] ERP 应用教程编委会. ERP 应用基础教程[M]. 北京:立信会计出版社,2011.